CHRISTIANE SCHLÜTER

Der Jakobsweg für zu Hause

Meditationen und spirituelle Übungen für 52 Wochen

Sich auf den Weg machen. Das Gewohnte hinter sich lassen, um sich selbst und die Welt anders zu erleben als bisher und schließlich verändert wieder heimzukehren – diese große Sehnsucht lebt im Pilgern. Wer den berühmten Jakobsweg nach Santiago de Compostela oder einen anderen Pilgerweg beschreitet, der wünscht sich eine bleibende Erfahrung, eine, die ihn erneuert und seinem Leben neue Impulse gibt.

Das Leben – eine Pilgerfahrt

Dieser Tischaufsteller lädt Sie dazu ein, die grundlegenden Erfahrungen des Pilgerns daheim nachzuvollziehen und für Ihre persönliche Weiterentwicklung zu nutzen. Denn wir sind ja immer unterwegs, nicht nur, wenn wir uns im Wortsinn auf die Reise machen. Unser ganzes Leben lässt sich als Pilgerfahrt begreifen, als Suche nach dem, was uns zu mehr Einklang mit uns und der Welt führt, zu größerem innerem Frieden.

Nur scheinbar ist es ein Widerspruch, dass dieses Ziel des inneren Friedens einen Aufbruch erfordert, also etwas, das zunächst Unruhe bedeutet. Dahinter steht die Erkenntnis: Wir können uns nur in der Veränderung entwickeln. Wir brauchen neue Anstöße, Begegnungen und Erlebnisse, um zu spüren, in welche Richtung es in unserem Leben gehen soll. Der Aufbruch der biblischen Ureltern Abraham und Sara ins Unbekannte und ihre Ankunft im Gelobten Land sind deshalb zu Sinnbildern für jeden spirituellen Weg geworden. Um diesen Tischaufsteller, der sich an der Tradition der christlichen Pilgerfahrt orientiert, für sich nutzen zu können, müssen Sie nun aber weder ein treuer Kirchgänger noch besonders glaubensfest sein. Wichtig ist nur, dass Sie den Wunsch verspüren, mit sich selbst, mit der Welt und mit dem Urgrund, der uns letztlich alle hält, stärker in Einklang zu kommen, und dass Sie sich dafür ein wenig Zeit nehmen. Die 52 Übungen, die Ihnen der Aufsteller bietet, können Sie ein ganzes Jahr hindurch nutzen, als fortlaufenden Kurs. Sie können sich aber auch im Anhang die Themen heraussuchen, die Sie gerade besonders interessieren. Jedes Thema, etwa »Aufbruch« oder »Leitsterne«, entspricht einer Station auf dem Pilgerweg. Und zu jedem Thema werden drei Übungen angeboten, entsprechend den drei Kategorien:

- Meditationsübungen – **sich in ein Thema vertiefen**
- Praxisübungen – **Spiritualität in den Alltag integrieren**
- Reflexionsübungen – **innehalten und nachdenken**

Drei Übungen zusammen ergeben also immer eine thematische Einheit, die über drei Wochen hinweg besteht. Die Meditationsübung sollten Sie den gesamten Zeitraum dieser drei Wochen hindurch praktizieren. Sie stimmt Sie immer wieder neu auf das jeweilige Thema ein. In der zweiten Woche nehmen Sie dann die Übung für den Alltag hinzu. Verteilen Sie die beiden Übungen so auf Ihren Tagesablauf, wie es sich am besten für Sie einrichten lässt. In der dritten Woche praktizieren Sie weiterhin die erste Übung und kombinieren sie nun mit der dritten statt mit der zweiten. Wenn Ihnen einmal eine Übung der zweiten Kategorie besonders gut gefallen hat, dürfen Sie die natürlich trotzdem noch weiter praktizieren. So führen die Übungen Sie Schritt für Schritt weiter auf dem Pilgerweg für zu Hause.

Inspirierende Bilder und Sinnsprüche begleiten die Übungen. Sie bieten Ihnen zusätzlich einen visuellen und metaphorischen Zugang zum jeweiligen Thema und vertiefen so die heimische Pilgererfahrung noch mehr. Die schönen Bilder sollen Sie natürlich auch dazu verführen, den Aufsteller gut sichtbar auf Ihrem Schreibtisch oder einer Kommode zu platzieren – so kann er Sie tagtäglich an Ihr Pilgervorhaben erinnern.

Meditationsübungen – sich in ein Thema vertiefen

»Ich ließ meine Seele ruhig werden und still; wie ein kleines Kind bei der Mutter ist meine Seele still bei mir.« So beschreibt der unbekannte Dichter von Psalm 131,2 den meditativen Zustand der Sammlung, in dem der Geist zur Ruhe kommen kann. Diese Ruhe erreichen wir durch kontemplative Meditation. Kontemplation heißt »Anschauung« oder »Betrachtung«. Konkret bedeutet das, wir konzentrieren uns auf etwas – etwa ein Gedicht, ein Bild, einen Ort –, das in Zusammenhang mit einem übergeordneten Pilgerthema steht – etwa »Scheidewege« oder »Kraftquellen«.

Ablenkung vermeiden

Sich in der inneren Einkehr und Versenkung nicht ablenken zu lassen ist nicht einfach. Viel zu leicht können uns Ärger, Probleme und Sorgen beherrschen. Das Meditieren gelingt deshalb meist nicht sofort und auch nicht jedes Mal. Lassen Sie sich davon nicht entmutigen, kehren Sie immer wieder zur Übung zurück. Verweisen Sie störende Gedanken zum Beispiel mit den Worten: »Jetzt nicht« oder »Später wieder«. Hinderlich bei der Meditationsübung sind natürlich auch Einflüsse von außen, etwa Telefonklingeln. Sorgen Sie deshalb dafür, dass alle Störquellen ausgeschaltet sind und Sie sich an einen stillen Ort zurückziehen können.

Die richtige Körperhaltung

Für Meditation und Gebet kennt die spirituelle Tradition viele Haltungen, vom Stehen bis hin zum Auf-dem-Bauch-Liegen. Das Sitzen erlaubt es jedoch am besten, sich in etwas zu vertiefen. Sie können ebenso auf einem Stuhl sitzen wie auf einem Sitzkissen oder Meditationsbänkchen. Auf dem Stuhl sollten Sie allerdings weiter vorn sitzen

als sonst üblich und die Füße hüftbreit auseinanderstellen. Wichtig ist in jedem Fall eine aufrechte und entspannte Haltung. Sie erreichen sie, indem Sie sich vorstellen, dass von Ihrem Oberkopf aus ein unsichtbarer Faden nach oben führt. Das Kinn zeigt ein wenig in Richtung Hals, damit der Nacken nicht nach hinten knickt.
Die gefalteten Hände gelten in der christlichen Tradition als Symbol für spirituelle Versenkung. Man kann die Hände aber auch auf den Oberschenkeln ablegen, mit den Handflächen nach oben oder unten. Indem Sie die Hände falten oder ablegen, zeigen Sie, dass Sie nun keine ablenkende Tätigkeit vor sich haben, sondern ganz für die spirituelle Erfahrung bereit sind. Die beschriebene Haltung können Sie bei allen Übungen einnehmen, die einen meditativen Charakter haben. Vor allem bei der Atemübung (Übung 10) ist sie wichtig und ebenso bei den Übungen 49 bis 52.

Begegnung in der Tiefe

In der Stille der meditativen Versenkung richtet der Mensch also seine Aufmerksamkeit nach innen und versenkt sich in die Tiefe der eigenen Seele – um dort dem zu begegnen, von dem er sich gehalten und getragen fühlt. Im Christentum existieren durchaus verschiedene Gottesvorstellungen. Doch das Vertrauen darauf, dass es möglich ist, in der Meditation und Kontemplation oder im Gebet dem Ziel der spirituellen Sehnsucht zu begegnen, zieht sich durch alle Glaubensrichtungen.

Einige Übungen enden mit konkreten Fragen, etwa nach den Bildern, die beim Lesen eines bestimmten Textes in Ihnen aufgestiegen sind. Diese Fragen sind eine Hilfestellung beim Durchführen der Übung und dienen oft der zusätzlichen Vertiefung. Sie können die Fragen in Gedanken beantworten, vielleicht möchten Sie die Antworten aber auch aufschreiben. Dann legen Sie sich am besten ein schönes Notizbuch zu, in das Sie alles hineinschreiben, was Ihnen während Ihrer Pilgerreise wichtig geworden ist.

Praxisübungen – Spiritualität in den Alltag integrieren

Die Geschichte der beiden Schwestern Maria und Marta im Neuen Testament handelt vom Miteinander der beiden spirituellen Formen Kontemplation und Aktion (Lukas 10,38–42): Jesus war bei den Schwestern zu Gast. Und während nun Marta ständig dabei war, Jesus durch praktische Arbeiten im Haushalt etwas Gutes zu tun, saß Maria unentwegt zu Füßen des bewunderten Mannes und hörte ihm zu. Seitdem stehen Marta und Maria stellvertretend für die beiden Wege, sich im Glauben Gott zu nähern: Für die meditative Betrachtung (Maria) einerseits und für das Handeln (Marta) andererseits.

Vom spirituellen Wert der Arbeit

Auch wenn Jesus der meditativen Betrachtung einen höheren Stellenwert beimisst, fordert er Marta nicht etwa auf, die Arbeit deshalb Arbeit sein zu lassen und sich auch zu ihm zu setzen. Er lässt der Aktivität ihr eigenes Recht. Denn der Mensch braucht beides: nicht nur die Stille, in der er Kraft schöpft, sondern auch die Aktivität, bei der er die gewonnene Kraft einsetzt. Kontemplation und Aktion gehören zusammen, so wie Maria und Marta Schwestern sind. In der klösterlichen Formel »Ora et labora« (Bete und arbeite) begegnet uns diese Einsicht wieder. Der Ordensgründer Benedikt von Nursia (480–547) schrieb Anfang des 5. Jahrhunderts: »Müßiggang ist ein Feind der Seele. Deshalb müssen sich die Brüder zu bestimmten Zeiten der Handarbeit und zu bestimmten Zeiten wiederum der Lesung göttlicher Dinge widmen.« (Benediktinische Regel, Kapitel 48)

Und in einem sehr erheiternden Gebet, das Teresa von Ávila zugeschrieben wird, gesteht die fromme Frau, dass sie keine Zeit habe, ein Heiliger zu sein und die Nächte zu durchwachen. »Mache mich«, so bittet sie deshalb, »zu einem Heiligen, indem ich Mahlzeiten zubereite und Teller wasche. Nimm an meine rauen Hände, weil sie für dich rau geworden sind. Kannst du meinen Spüllappen als einen Geigenbogen gelten lassen, der himmlische Harmonie hervorbringt auf einer Pfanne?« Der Spüllappen als Geigenbogen – besser lässt sich nicht ausdrücken, dass auch in den profansten Dingen eine spirituelle Qualität darauf wartet, entdeckt zu werden.

Kontemplation durch praktisches Handeln ergänzen

Zu jeder Station auf Ihrem Jakobsweg für daheim gehört deshalb auch eine dem Alltagsleben zugehörige Übung. Sie lässt sich mit der vorhergehenden meditativen Übung verbinden. Das Ziel ist, die in der Sammlung gewonnene Erkenntnis durch praktisches Handeln zu ergänzen. Anders als bei einer realen Pilgerreise, bei der man tatsächlich die Orte wechselt, verreisen Sie auf Ihrem Pilgerweg für daheim ja nicht im Wortsinn. Sie begeben sich aber innerlich an andere Orte, und währenddessen geht Ihr normales Leben weiter. Mit diesem normalen Leben sollten Sie Ihr inneres Pilgern in Einklang bringen können, damit Sie nicht ständig zwischen zwei Welten wechseln müssen. Genau dabei helfen die Praxisübungen.

Der Begriff der Praxis ist hier weit gefasst. Er meint einerseits im Wortsinn praktische Handlungen wie etwa das Entrümpeln eines Kleiderschrankes. Aber zu den Praxisübungen gehören auch solche, bei denen es um das eigene Verhalten im Alltag geht und um die Einstellung, die uns dabei leitet. Wie gehe ich mit mir und mit anderen um? Wie viel Vertrauen zu anderen kann ich fassen, wie viel Freiraum brauche ich für mich selbst? Was hilft mir dabei, ein gutes Gespräch zu führen? Auch solche Dinge werden in den Praxisübungen behandelt. Die Erkenntnisse, die sich dabei einstellen, können Sie wieder in Ihr Notizbuch schreiben. Aber vor allem sollten Sie sie innerlich mitnehmen, in künftige Situationen, wo sie Ihnen nützlich sein können.

Reflexionsübungen – innehalten und nachdenken

Wer sich auf den Weg macht, kann sich seine Begegnungen nicht immer aussuchen. Er wird mit neuen Gedanken und Erkenntnissen konfrontiert und manchmal auch mit unerwarteten Fragen. Der Weg zum inneren Frieden bedeutet kein Gleiten von Ruhe zu noch mehr Ruhe. Es gibt durchaus Anfechtungen zwischendurch. Die Erzählung, wie Jesus in der Wüste dem Teufel begegnet, ist ein Beispiel für eine solche Anfechtung (Matthäus 4,1–11). Und auch die frühchristlichen Eremiten, die in der Einsamkeit versuchten, Gott näherzukommen, erlebten nicht nur erhebende Momente, sondern auch Phasen des Zweifels und der Ungewissheit.

Eine Pause vor dem nächsten Schritt

Auf einem realen Pilgerweg erfahren wir solche Anfechtungen nicht selten in Gestalt von Müdigkeit und Erschöpfung oder auch dann, wenn wir nicht mehr sicher sind, ob der Weg noch stimmt. Dann ist es gut, Pause zu machen und sich zu stärken, die Karte anzuschauen und sich über den Weg erneut klar zu werden. Zu jeder Station auf Ihrem Jakobsweg für zu Hause gehört daher nach der meditativen Übung und der Praxisübung eine dritte Übung, durch die Erkenntnisse und Erfahrungen aus den vorherigen Übungen be- und verarbeitet werden können. Vor allem wenn unerwartete Gefühle in Ihnen aufgestiegen sind, können Sie diese mit der dritten Übung noch einmal betrachten und einordnen. Nachdem es zum Beispiel in einer ersten Übung um Klang und Stille ging und in der zweiten um das Hören und das Zuhören, geht es dann in der dritten um die immer wieder erlebten Grenzen des Verstehens und darum, wie man sie gut annehmen kann. Eine andere Übung dieser Kategorie handelt von den eigenen Sehnsüchten, die in den beiden Übungen zuvor vielleicht bewusst geworden sind. So bedeutet die dritte Übung stets ein Innehalten und nochmaliges Erweitern oder Vertiefen, bevor es dann bei der nächsten Station mit dem nächsten Thema weitergeht.

In Einklang mit sich selbst

Oft kommt es bei diesen dritten Übungen zur Betrachtung des eigenen Lebens. Sie bieten Ihnen die Chance, sich über wichtige Themen klar zu werden und einstige Entscheidungen noch einmal zu durchdenken und vielleicht neu anzunehmen. Oder sie helfen Ihnen dabei, für die aktuelle Situation, angeregt durch eine spirituelle Erfahrung, mehr Klarheit und Orientierung zu gewinnen und schließlich wieder in Einklang mit sich selbst zu kommen. Etwa indem Sie sich, nach einer Besinnung auf die Weite des Himmels und auf Ihre eigenen realen Freiräume, in der dritten Übung intensiv mit der Weite des eigenen Herzens beschäftigen – mit der Großzügigkeit. Und in diesem Zustand können Sie dann getrost auf Ihrer Pilgerwanderung weitergehen. »Ich überdenke meine Wege«, sagt der Psalmdichter, und weiter: »Alle meine Wege liegen offen vor dir.« (Psalm 119,59.168)

Alle drei Übungskategorien zusammen ergeben die Abfolge von Meditation, Aktion und Reflexion. Eine Dreiheit, die sich auch in einem anderen Rhythmus widerspiegelt: dem des Atmens! Denn der besteht ebenfalls aus drei Schritten: aus Einatmen, Ausatmen und einer winzigen Atempause. Diese Pause, die unterschiedlich lang sein kann und manchmal gar nicht eigens wahrgenommen wird, ist – so kurz sie auch sein mag – genauso wichtig wie das Ein- und das Ausatmen. In der Atemmeditation von Übung 10 lernen Sie diesen Dreischritt näher kennen. Wenn Sie jetzt neugierig geworden sind, blättern Sie ruhig schon einmal vor und probieren Sie diese Übung gleich aus. Sie können sie tatsächlich jederzeit machen und auch mit den anderen Übungen in dem Aufsteller wunderbar kombinieren. Schließlich begleitet uns der Atem immer und bei allem, was wir tun.

1 Vom Zauber des Anfangs

Einstimmung auf den Neubeginn

»Jede Reise beginnt mit dem ersten Schritt«, sagte einst der chinesische Weise Laotse. Der erste Schritt ist deshalb etwas ganz Eigenes, und es lohnt sich, ihn genauer zu betrachten.

Am Beginn Ihres persönlichen Jakobsweges für zu Hause steht eine Übung, bei der es um das Besondere des Anfangens geht. Der erste Schritt ist nicht wie alle anderen: Ihm fehlt der Vorgänger, der ihm den Schwung zum Weitergehen gibt. Der erste Schritt muss seinen Schwung also woanders herholen. Das Anfangen braucht eine besondere Kraft. **Diese Kraft** müssen wir jedoch nicht aus dem Nichts aufbringen, denn sie wird uns geschenkt. Sie liegt in dem Ruf, der uns ereilt, in der Sehnsucht, die uns treibt, und in der Gewissheit, dass wir am Ziel erwartet werden – wie die Geschichte von Abraham erzählt, der auszog, weil ihm ein Versprechen gegeben war (1. Mose 11–25).

Der nachstehende Text handelt vom Zauber des Anfangs. Lesen Sie ihn aufmerksam durch. Verweilen Sie bei einzelnen Worten. Welche Sinneseindrücke stellen sich ein? Welche Bilder steigen auf, welche Gefühle? Beschäftigen Sie sich mit dem Text, solange Sie mögen.

Der Aufbruch, welch ein Versprechen:
Etwas wird anders, etwas wird neu.
Aufbruch. Aufbrechen. Auf. Brechen.
Auf, mach dich auf.
Etwas bricht. Etwas öffnet sich.
Das ist der Beginn.
Wenn du ihn spürst,
hat er schon stattgefunden.

1

Es ist Zeit, etwas Neues zu
beginnen und dem Zauber des
Anfangs zu vertrauen.

MEISTER ECKHART

2 Lebendigkeit durch Veränderung

Etwas Neues ausprobieren

Die Bereitschaft, sich auf Neues einzulassen, kann man trainieren. Sie ist wie ein Muskel, der kräftig und beweglich gehalten werden will – mit ganz einfachen Übungen im Alltag.

Etwas Neues zu beginnen, das hat viel mit Kreativität zu tun. Kreativ zu sein bedeutet, für eine neue Situation ein angemessenes Verhalten zu finden oder auf eine bekannte Situation anders als bisher zu reagieren. Und das lässt sich leicht auch im Alltag umsetzen.

Versuchen Sie in dieser Woche einmal, an jedem Tag etwas Ungewohntes zu tun. Das kann völlig unspektakulär sein – beispielsweise können Sie heute einen anderen Weg zur Arbeit einschlagen. Morgen überwinden Sie sich und lächeln einen wildfremden Menschen an, der an der Supermarktkasse hinter Ihnen steht – er sollte Ihnen allerdings schon sympathisch sein. Übermorgen reagieren Sie auf eine vertraute Situation mit einem für Sie ungewohnten Verhalten. So können Sie etwa, wenn Sie normalerweise immer als Erster sprechen und zu allem etwas zu sagen haben, einmal versuchen, sich Ihren Teil nur zu denken. Umgekehrt wäre es gut, dass Sie – falls Sie sonst zu den Stillen gehören – jetzt mal ungefragt Ihre Meinung äußern.

Machen Sie am besten eine Liste mit Dingen, die Sie tun (oder lassen) wollen, aber nutzen Sie auch spontane Gelegenheiten.

Achten Sie auf das Gefühl der Lebendigkeit und Freude, das sich fast immer einstellt, wenn man etwas Neues und Ungewohntes getan hat!

2

Man muss etwas Neues machen,
um etwas Neues zu sehen.

GEORG CHRISTOPH LICHTENBERG

3 Eigene Sehnsüchte erkennen

Veränderung heißt Weiterentwicklung

Etwas Neues zu wagen, das ist mit unseren Sehnsüchten verbunden. Es ist wichtig, dass wir diese Sehnsüchte kennen. Denn sie sind die Leitsterne auf dem Weg, der nun vor uns liegt.

Einem Stern folgten einst die Weisen aus dem Orient und fanden so zur Krippe Jesu, dem Ziel ihrer Sehnsucht. Seit jeher gelten die Sterne als Licht, das den Seelen den Weg zum Paradies zeigt. Und der Weg nach Santiago de Compostela, der Jakobsweg, heißt auch »Sternenweg«. Unsere Sehnsüchte können wir als Leitsterne begreifen, die uns den Lebensweg weisen.

Über den ersten Schritt nachzudenken und neue Dinge auszuprobieren, das bringt uns in Kontakt mit unseren Sehnsüchten und Wünschen. Es ist gut, wenn wir sie uns bewusst machen. Denn sie zeigen uns, wo uns etwas fehlt. Nicht im materiellen Sinn, sondern vor allem in Hinsicht darauf, wie wir unser Leben gestalten.

Achten Sie in dieser Woche auf die Momente, in denen sich Sehnsüchte zeigen. Versuchen Sie zu ergründen, ob es einen Zusammenhang mit der Situation gibt, in der sie sichtbar werden. Wenn sich unterschiedliche Wünsche zeigen, versuchen Sie herauszufinden, welcher Ihnen am wichtigsten ist und welcher vielleicht am ehesten realisierbar erscheint.

Wünsche zu ergründen und Sehnsüchten nachzugehen hat nichts mit Unbescheidenheit zu tun. Vielmehr geht es um Weiterentwicklung. Wir verändern uns – und mit uns verändern sich auch unsere Wünsche.

3

Sehnsucht ist der Beweis,
dass der Geist
eine höhere Seligkeit sucht.

BETTINE VON ARNIM

4 Um den Segen bitten

Stärkende Worte sind gute Begleiter

Zu einer Pilgerfahrt gehört der Pilgersegen. Er soll uns im Glauben stärken, auf unserem Weg schützen – und daran erinnern, dass wir nicht alles aus eigener Kraft leisten müssen.

Der Segen ist ein Geschenk Gottes. Wie jedes Geschenk kann er nicht erzwungen werden. Denn er ist kein Lohn. Wir können nur – für andere und für uns selbst – darum bitten, ihn empfangen und dafür danken.

Die folgenden drei Wochen sind der Bitte um den Segen gewidmet. Sie können dazu in eine Kirche gehen, etwa in der Mittagspause, und dort still für sich um gutes Geleit für Ihren Weg bitten. Oder Sie suchen einen anderen Ort auf, an dem Sie sich geborgen fühlen, und formulieren dort Ihre Bitte um Vertrauen und Geduld, um Orientierung für die Zukunft und Versöhnung mit der Vergangenheit. Um gute Weggenossen, Gesundheit und alles, was Ihnen jetzt wichtig ist. Vielleicht finden Sie spontan die Worte für Ihren Segenswunsch, Sie können sich aber auch vorher aufschreiben, worum Sie bitten wollen. Und schließen Sie die Menschen in Ihre Bitte ein, die mit Ihnen unterwegs sind. Beenden Sie Ihre Segensbitte mit diesem abgewandelten Zitat aus dem deutschen Pilgersegen: »Mehre meinen Glauben, stärke meine Hoffnung und erneuere meine Liebe.«

Statt als Gebet können Sie Ihre Segensbitte auch als Wunsch formulieren und in Ihrer Vorstellung zum Himmel aufsteigen lassen.

4

ICH WILL MIT DIR SEIN
UND DICH SEGNEN.

1. MOSE 26,3

5 Vertrauen wagen

Loslassen statt kontrollieren

Die Segensbitte hat es schon zur Sprache gebracht: Wer sich auf einen neuen Weg begibt, der braucht Vertrauen. Das gilt für eine große Reise ebenso wie für den Pilgerweg durch den Alltag.

Achten Sie in dieser Woche darauf, wo und bei welchen Gelegenheiten Sie Vertrauen wagen. Das kann in kleinen Dingen sein und in ganz großen. Es kann Materielles betreffen, etwa wenn man jemandem seinen Hausschlüssel gibt. Es kann aber auch Ideelles betreffen wie eine Partnerschaft oder eine Freundschaft, in der man einander Dinge anvertraut. Ein besonderes Vertrauen brauchen Sie zum Beispiel dann, wenn Sie die eigene Gesundheit in die Hände von Fachleuten legen.
Wo Sie Vertrauen schenken, bekommen Sie oft welches zurück. Malen Sie doch einmal ein Diagramm, in dessen Mittelpunkt Sie selbst stehen, und darum herum als Punkte in kleinem oder größerem Abstand die Menschen und Institutionen, zu denen ein Vertrauensverhältnis besteht. Verbinden Sie den Mittelpunkt und die anderen Punkte mit einer oder zwei Linien – je nachdem, ob das Verhältnis ein- oder wechselseitig ist. Schauen Sie das Diagramm in dieser Woche immer wieder an und prüfen Sie, ob Sie zufrieden damit sind.

Wenn etwas in dem Diagramm fehlt, Vertrauen in einer Beziehung etwa nur einseitig gewährt wird, dann können Sie zusätzlich überlegen, ob Sie das gern ändern würden, und wenn ja, wie: vielleicht durch mehr Offenheit Ihrerseits oder im Gegenteil durch etwas größere Distanz.

5

Vertrauen macht selig den,
der es hat, und den,
der es einflößt.

Marie von Ebner-Eschenbach

6 Die Gnade der Gelassenheit

Gebet von der richtigen Unterscheidung

Das Ritual der Segensbitte und die Vertrauensübung für den Alltag machen beide eine tiefe Wahrheit erfahrbar: nämlich diejenige, dass wir nicht alles selbst in der Hand haben.

Vielleicht haben Sie es bei der vorigen Übung genossen, sich – oder eine Angelegenheit – bewusst jemandem anzuvertrauen. Oder aber Sie sind, je nach Ihrer Situation und Stimmung, mit Ihrem Bedürfnis nach Sicherheit konfrontiert worden. Beide Gefühle haben in uns Platz. Beide brauchen wir, um Kraft zu sammeln für unseren Weg. Ergründen Sie in dieser Woche, wo für Sie die Grenzen der machbaren Sicherheit liegen. Sprechen Sie dazu – laut oder leise – jeden Tag einmal dieses berühmte Gelassenheitsgebet des Theologen und Philosophen Reinhold Niebuhr (1892–1971):

Gott, gib mir die Gnade, mit Gelassenheit Dinge hinzunehmen, die ich nicht ändern kann,
den Mut, Dinge zu ändern, die ich ändern kann,
und die Weisheit, das eine vom anderen zu unterscheiden.

Wünschen Sie sich manchmal mehr Gelassenheit? Wenn ja – prüfen Sie, in welchen Lebensbereichen Sie es zunächst wagen könnten, etwas weniger auf Nummer sicher zu gehen. Aber schauen Sie auch, wo sich etwas ändern ließe, wenn Sie sich dafür nur mutig genug fühlen.

Niebuhrs Worte lassen sich auch gut anstelle des Pilgersegens ans Ende der Segensbitte stellen (Übung 4). Schauen Sie, ob Ihre Segensbitte mit dem neuen Schluss vielleicht anders auf Sie wirkt.

6

Ein gelassenes Herz
bedeutet Leben für den Leib.

SPRÜCHE 14,30

7 Gestern, heute, morgen

Den Zusammenhang wahrnehmen

Leben bedeutet Unterwegssein. Mal gehen wir ein kurzes Stück, mal eine längere Strecke. Doch wo immer wir stehen, erstreckt sich hinter und vor uns das Band unseres Weges.

Es ist gut, sich den eigenen Lebensweg immer wieder vor Augen zu führen, um den Zusammenhang darin zu erkennen. Betrachten Sie in diesen drei Wochen täglich das zu dieser Übung gehörende Bild oder aber ein Symbol, das für die Kontinuität, für den Zusammenhang steht und Sie anspricht: ein kunstvoll gewirktes Seil etwa, den sprichwörtlichen »roten Faden«, einen Rosenkranz oder eine Kette mit schönen Gliedern oder Steinen.
Schauen Sie das Bild oder Symbol an, und stellen Sie sich dabei folgende Fragen: Woher komme ich? Wo stehe ich heute? Wohin möchte ich gehen? Lassen Sie keine Frage aus. Der Dreischritt aus Vergangenheit, Gegenwart und Zukunft bildet den Rhythmus dieser Meditation, er entspricht dem Dreiklang von Einatmen, Ausatmen und Innehalten. Sie können die Fragen mit Blick auf das Ziel Ihres Jakobsweges auch konkretisieren: Was hat mich bislang mir selbst nähergebracht? Wann fühle ich mich heutzutage im Einklang mit mir selbst? Was wünsche ich mir diesbezüglich noch? Notieren Sie an jedem Tag die Antworten, die sich auf die Fragen einstellen.

Achten Sie auch darauf, ob Antworten sich ändern, aber bewerten Sie keine von ihnen. Versuchen Sie, innere Zusammenhänge zu entdecken – die Kontinuität Ihres ganz persönlichen Lebens.

7

Ganz begreifen werden wir uns nie,
aber wir werden und können uns
weit mehr als begreifen.

NOVALIS

8 Schritt für Schritt

Bewusstsein für das Gehen entwickeln

Das Gehen ist der Inbegriff des Unterwegsseins. Um ein Gefühl dafür zu bekommen, müssen Sie aber nicht wochenlang verreisen. Sie können auch einen längeren Spaziergang dazu nutzen.

Wählen Sie eine Strecke aus, die Sie gern mögen, die für Sie ohne Aufwand gut erreichbar ist und die Sie in dieser Woche möglichst an jedem Tag gehen können. Wichtig ist dann, dass Sie Ihren gewählten Weg nicht in Eile zurücklegen, sondern sich Zeit dafür nehmen.

Wenn Sie Ihren Weg nun abschreiten, dann versuchen Sie, bewusst wahrzunehmen, wie Sie einen Schritt vor den anderen setzen. Jeder Schritt ist wichtig, keiner kann übersprungen werden. Spüren Sie, wie Ihr Weg, der als Möglichkeit vor Ihnen liegt, in der Bewegung des Gehens Wirklichkeit wird. Im Wort »Bewegung« steckt der »Weg« ja sogar drin. Machen Sie sich bewusst: Sie selbst setzen Ihren Weg aus Ihren einzelnen Schritten zusammen, und so wird er Ihre ureigene Realität – im konkreten und im übertragenen Sinn.

Versuchen Sie, im Gehen ein Gefühl für das Unterwegssein zu entwickeln, ohne ans Ankommen zu denken. Ein bekanntes Sprichwort sagt ja: Der Weg ist das Ziel.

Nehmen Sie im Gehen auch wahr, wie das, was am Wegrand liegt, vorbeizieht.
Was spricht Sie gerade heute an?
Ist es Ihnen früher schon einmal aufgefallen?
Im Nachdenken über diese Dinge können Sie Ihre Aufmerksamkeit vertiefen.

8

Es würde alles besser gehen,
wenn man mehr ginge.

JOHANN GOTTFRIED SEUME

9 Wenn Dinge sich wandeln

Veränderungen annehmen

Die beiden vorigen Übungen haben Sie mit der Kontinuität in Ihrem Leben in Verbindung gebracht, aber auch mit Veränderungen, denn unterwegs sein bedeutet, mit Wandel zu leben.

Zuweilen können wir es kaum erwarten, dass die Dinge anders werden. Wenn wir erst dieses oder jenes Ziel erreicht haben, so denken wir, dann wird manches besser. Doch je älter wir werden, desto mehr begreifen wir: Die Zeit bringt uns vieles, aber sie nimmt auch. Und nicht alle Veränderungen sind erwünscht und freiwillig. Oft müssen wir auf dem Weg zu einem neuen Ziel etwas anderes hinter uns lassen, müssen es loslassen.

Betrachten Sie in dieser Woche wichtige Veränderungen, die in Ihrem Leben stattgefunden haben. Welche waren ersehnt und lang vorbereitet? Welche kamen überraschend? Welchen Verzicht gab es, und wie haben Sie ihn verarbeitet? Welcher Neugewinn wurde Ihnen geschenkt? Wie haben Sie die Veränderungen im Moment des Erlebens empfunden? Wie empfinden Sie sie im Rückblick?

Sie können auch in die Zukunft blicken und fragen: Welche Veränderungen wünsche ich mir? Und was wäre der Preis, den ich dafür zu zahlen bereit wäre?

Der Wert der Übung liegt wie meistens in der Wiederholung: Betrachten Sie die Wandlungspunkte in Ihrem Leben wirklich an jedem Tag dieser Woche. Vielleicht fallen Ihnen immer noch neue ein, vielleicht sehen Sie aber auch dieselben Veränderungen an verschiedenen Tagen in jeweils neuem Licht.

9

Das Leben gehört dem Lebendigen an, und wer lebt, muss auf Wechsel gefasst sein.

JOHANN WOLFGANG VON GOETHE

10 Der wunderbare Dreischritt

Im Atmen den Rhythmus finden

Im Gehen ist unser Atem deutlich spürbar. Je ruhiger unser Schritt ist, desto regelmäßiger wird auch der Rhythmus des Atmens – der Dreischritt aus Einatmen, Ausatmen, Atempause.

Mit dieser Meditation, regelmäßig ausgeführt, können Sie üben, sich mit der Kraftquelle des Atems in Ihnen zu verbinden. Nehmen Sie dazu die in der Einleitung beschriebene Sitzposition ein, und richten Sie den Blick auf einen Punkt am Boden etwa einen halben Meter vor Ihnen. Wandern Sie nun gedanklich durch Ihren Körper, vom Scheitel bis zu den Fußsohlen. Überall sind Muskeln, die man loslassen kann. Die Schultern etwa – können sie noch tiefer fallen? Oder die Kiefermuskeln – können sie lockerer werden? Gehen Sie so alle Muskelgruppen durch.

Dann richten Sie Ihre Aufmerksamkeit auf Ihren Atem. Konzentrieren Sie sich entweder auf die Nasenlöcher, wo der Atem kühl ein- und erwärmt wieder austritt, oder auf das Heben und Senken des Zwerchfells. Erzwingen Sie nichts an Tiefe oder Dauer. Achten Sie nur auf den natürlichen Dreischritt von Einatmen, Ausatmen und Atempause, und warten Sie, bis das Einatmen von selbst wieder kommt. Mit einer kleinen Bewegung von Händen und Füßen kehren Sie aus der Übung zurück.

Beim ersten Mal sollte die Übung ungefähr fünf Minuten dauern. Mit zunehmender Erfahrung können Sie sie bis auf 15 Minuten ausweiten.

Diese Übung sollten Sie nicht auf die folgenden drei Wochen beschränken. Sie können Sie zu jeder Zeit und immer wieder machen.

10

Ruhe im Innern, Ruhe im Äussern.
Wieder Atem holen lernen,
das ist es.

CHRISTIAN MORGENSTERN

11 Luftholen nicht vergessen

Atmen und entspannen

Was in der Meditation geübt wird, hilft auch im Alltag weiter. Achten Sie häufiger darauf, gut durchzuatmen, und nutzen Sie Ihren Atem in Stresssituationen, um sich zu beruhigen.

Über die Atmung denken wir normalerweise nicht weiter nach. Sie soll ja ohne unser Zutun funktionieren. Doch manchmal lohnt es sich, dem Dreischritt aus Einatmen, Ausatmen und Atempause Beachtung zu schenken.
Nehmen Sie sich für diese Woche vor, in stressigen Momenten möglichst auf Ihren Atem zu achten. Der ist nämlich gerade in angespannten Situationen oft so flach, dass man ihn kaum spürt. Atmen Sie dann ein paar Mal ruhig ein und aus, und vergessen Sie auch die Atempause nicht. Indem Sie sich auf Ihren Atem konzentrieren, stellen Sie Nähe zu sich selbst her – und das ist in jeder Lebenslage das Beste, was Sie tun können.
Versuchen Sie außerdem, einmal täglich in die Hocke zu gehen und dabei mit den Fußsohlen am Boden zu bleiben. Das entspannt Ihr Zwerchfell. Oder stehen Sie locker, in den Knien leicht gebeugt, und schwingen Sie Oberkörper und Arme frei hin und her. Dabei tief atmen. Den Kopf können Sie in die Bewegung mitnehmen – aber keine kompletten Kreise beschreiben! Wenn Sie mögen, singen Sie beim Schwingen. Damit tun Sie Ihrer Lunge noch mehr Gutes.

Wenn sich bei der Körperübung ein Gähnen einstellen will, geben Sie dem unbedingt nach. Im Gähnen entspannen gleich mehrere Muskelgruppen, vom Gesicht bis zum Bauchraum.

11

Und je freier man atmet,
je mehr lebt man.

THEODOR FONTANE

12 Im Kontakt mit der Kraft

Die spirituelle Seite des Atems

Der Atem gilt in vielen Kulturen als Lebensprinzip. Er wird mit der Seele in Verbindung gebracht und bringt uns mit unseren Kraftquellen und unserer Spiritualität in Kontakt.

Im Alten Testament bedeutet das Wort »näfäsch« »Hauch, Atem« und auch »Seele, Gemüt, Herz«. Es steht für das, was ein Geschöpf lebendig sein lässt. Auch ein anderer Begriff, »ruach«, heißt nicht nur »Hauch, Wind, Geist«, sondern meint ebenso das Lebensprinzip. Das Alte Testament spricht sogar vom »ruach Jahwe«, dem »Geist Gottes«. Im Griechischen entspricht dem das Wort »pneuma«. Es steht für »Hauch, Luftstrom, Atem, Seele« und im Neuen Testament ebenfalls für den Geist Gottes. Die Konzentration auf den Atem, die Sie in den beiden vergangenen Wochen geübt haben, können Sie nun zum Anlass nehmen, sich mit Ihren eigenen Kraftquellen zu befassen. Gönnen Sie sich daher im Anschluss an die Atemmeditation noch ein wenig Zeit. Lassen Sie Ihre Gedanken zu kürzer oder länger zurückliegenden Ereignissen schweifen, und überlegen Sie: Woher bekommen Sie in Ihrem Leben Energie? Was erhält Sie lebendig? Was gibt Ihnen Mut und Freude?
Vielleicht spüren Sie, wie Bilder und Erinnerungen aufsteigen, Namen oder einfach ein zärtliches Gefühl. Alles soll willkommen sein.

Wenn bei dieser Übung Dankbarkeit aufsteigt, so fassen Sie diese bewusst in Worte. Wiederholen Sie die Übung möglichst täglich – umso mehr Kraftquellen werden Sie entdecken.

12

Der Atem ist der lebendige Hauch der Seele.

Hildegard von Bingen

13 Mit leichtem Gepäck unterwegs

Seelischen Ballast abwerfen

Wer leicht zu tragen hat, kommt besser vorwärts. Das gilt nicht nur für reales Gepäck, sondern auch im übertragenen Sinn – für den inneren Ballast, der sich in uns angesammelt hat.

Anders als bei einer großen Pilgerfahrt stehen Sie bei Ihrem Pilgerweg für zu Hause nicht vor der Frage, was Sie alles mitnehmen müssen. Innerlich aber haben Sie genauso Gepäck dabei wie bei jeder Reise – und sollten es sinnvoll beschränken. Belastend wirken zum Beispiel Überzeugungen, die nicht mehr stimmen, aber noch nicht aussortiert wurden. Weil sie so wahr klingen vielleicht. Oder betrachten wir die Werte, die wir für richtig halten: Vielleicht ist uns längst anderes wichtig? Und dann das eigene Selbstbild: Entspricht es noch dem, wie wir uns fühlen und verhalten? Oder pflegen wir es eher deshalb, weil wir es so gut kennen? Jetzt ist Gelegenheit dazu, solchen Ballast abzuwerfen. Uns zu trennen von dem, was uns gedanklich festhält und zum hundertsten Mal in eine Grübelschleife schickt. Machen Sie eine Liste mit Überzeugungen und Glaubenssätzen über sich und die Welt, und prüfen Sie, was davon Sie jetzt wirklich für richtig halten. Betrachten Sie die Liste in diesen drei Wochen immer wieder. Ergänzen Sie dann, was sich jeweils an Neuem zeigt, und streichen Sie, was nicht mehr dazugehören soll.

Vielleicht zeigen sich bei dieser Übung überraschend neue Überzeugungen. Geben Sie ihnen eine Gestalt in Worten oder Bildern.

13

Nimm alles leicht! Das Träumen lass und Grübeln!

LUDWIG UHLAND

14 Zeit zum Entrümpeln

Energiefresser jetzt aussortieren

»Wie zahlreich sind doch die Dinge, derer ich nicht bedarf«, stellte einst Sokrates fest. Lassen Sie sich von ihm inspirieren! Erleichtern Sie sich durch gründliches Aussortieren.

Viele Menschen leben nur auf der obersten Schicht ihres Haushaltes, und darunter setzt sich immer mehr Krimskrams ab – wie Ablagerungen im Erdreich. Doch damit belastet man sich unweigerlich. Eine klare Umgebung hat mehr mit der Seele zu tun, als es zunächst scheint. Gerümpel hält innerlich fest. Es bindet Energie, denn man muss sich darum kümmern: Man muss es putzen oder immer wieder wegräumen, weil es im Weg steht. Gerümpel erkennt man daran, dass man es nicht nutzt – weil es überflüssig ist oder seinen Zweck nicht (mehr) erfüllt. Darunter fallen Gebrauchsgegenstände, aber auch Dinge, die wir einst aus Lust und Laune angeschafft haben, einfach weil sie uns gefielen.

Legen Sie in dieser Woche einen oder mehrere Tage fürs Ausmisten ein, und bestimmen Sie vorher, was Sie entrümpeln wollen, welchen Schrank, welches Zimmer. Nehmen Sie jeden Gegenstand, der sich darin befindet, in die Hand. Wann haben Sie ihn zuletzt genutzt oder auch nur gern betrachtet? Machen Sie je eine Kiste für Dinge, die Sie weiterverschenken, die Sie wegwerfen und die Sie behalten wollen.

Von allem, was Ihren Haushalt verlassen soll, können Sie sich bewusst verabschieden nach dem Motto: Dieser Gegenstand hatte seine Zeit, und die ist jetzt vorüber.

14

Der Mensch ist umso reicher, je mehr Dinge er lassen kann.

HENRY DAVID THOREAU

15 Es war gut – es ist vorbei

Zum Umgang mit Abschieden

Innerlich und äußerlich entrümpeln – das bedeutet auch, sich auf Abschiede einzulassen, auf gewollte und ungewollte, auf Trennungen, die erleichtern, und solche, die schmerzen.

Beim Aussortieren von nicht mehr gebrauchten Dingen haben Sie wahrscheinlich hin und wieder Wehmut verspürt – die Wehmut des Abschieds. Manche Abschiede stehen am Ende eines Ereignisses oder einer Phase: Man spürt, etwas war schön und gut, und jetzt geht es vorbei. Eine andere Art von Abschiedsgefühl stellt sich ein, wenn es um das Loslassen von nicht gelebten Dingen geht. Von Plänen, die lange gehegt, aber niemals in die Tat umgesetzt wurden. Auch sie müssen verabschiedet werden, damit sie nicht den Blick auf die Zukunft verstellen.

In der Bibel finden sich starke Aussagen zum Abschied: Lots Frau erstarrt zur Salzsäule, weil sie sich zur Vergangenheit hin umdreht. Und Jesus fordert von seinen Jüngern, ihr ganzes Dasein hinter sich zu lassen. Darin steckt eine tiefe Wahrheit: Halbe Abschiede gibt es nicht.

Nehmen Sie sich in den kommenden Tagen mehrmals Zeit, und überlegen Sie: Wovon verabschieden Sie sich gerade? Was ist der Grund für den Abschied? Welche Bedeutung hat dieses Thema in Ihrem Leben? Erlauben Sie sich, traurig oder wehmütig zu sein – und irgendwann auch erleichtert.

Lesen Sie zur Unterstützung in dieser Woche immer wieder Psalm 139,1-18. Die Verse handeln davon, dass das, was für uns unüberschaubar ist, in Wahrheit doch einen Sinn ergibt.

15

Was wir hinter uns lassen,
ist ein Teil unserer selbst.

ANATOLE FRANCE

16 Die Weite des Himmels

Schauen Sie öfter mal nach oben

Oft vergessen wir ganz, welche Weite sich über uns erstreckt. Wir beachten den Himmel nicht – obgleich er immer da ist und es nur einer Kopfbewegung bedarf, um ihn zu sehen.

Richten Sie in diesen drei Wochen die Augen zum Himmel, so oft es geht. Am besten natürlich bei Spaziergängen über freies Feld. Genießen Sie die Weite, die sich Ihnen dadurch eröffnet. Versuchen Sie auch, nicht nur den Himmel über sich, sondern auch den Horizont in der Ferne wiederzuentdecken: Gehen Sie dorthin, wo Sie freie Sicht haben, keine Hauswand oder etwas anderes den Blick verstellt. Dann lassen Sie Ihre Augen ins Unendliche schweifen. Atmen Sie tief ein, und nehmen Sie die Freiheit, die in dieser Weite liegt, ganz in sich auf. Wenn Sie mögen, breiten Sie die Arme aus, strecken und dehnen Sie sich – machen Sie sich auch körperlich so weit wie möglich.

Weite hat immer auch mit Helligkeit zu tun, mit Licht. Wenn Sie sich häufiger einen Spaziergang ins Weite gönnen, dann tanken Sie damit viel natürliches Licht – das ist gut für Körper und Seele. Wenn Ihnen die Zeit für Ausflüge fehlt, dann suchen Sie den Himmel dort, wo Sie sich aufhalten: Gehen Sie – bei jedem Wetter – in der Mittagspause für ein paar Minuten ins Freie, und schauen Sie in den Himmel.

Die Weite des Himmels bedeutet nicht, dass da nichts ist – auch der Himmel ist Teil der Schöpfung: »Im Anfang schuf Gott Himmel und Erde«, mit diesen Worten beginnt die Bibel.

16

Du hüllst dich in Licht
wie in ein Kleid, du spannst den
Himmel aus wie ein Zelt.

PSALM 104,2

17 Den eigenen Freiraum wahrnehmen

Wie viel Eigenständigkeit brauchen Sie?

Wir alle brauchen etwas Weite um uns herum – wie ein Baum, dessen Wurzeln und Krone nicht von anderen Bäumen bedrängt werden dürfen. Um diesen freien Raum soll es jetzt gehen.

Wie viel Freiraum haben Sie zur Verfügung – in der äußeren Realität und in Ihrer eigenen Vorstellung? Wie viel nehmen Sie sich? »Du hast mir Raum geschaffen, als mir angst war«, sagt der Dichter in Psalm 4,2. Genug Raum zu haben bedeutet, keine Enge zu spüren und damit letztlich keine Angst. Das Wort »Angst« kommt ja von »Enge«.

Achten Sie in den kommenden Tagen darauf, wie viel Freiraum Sie sich gestatten und wie viel Ihnen einge-»räumt« wird. Fühlen Sie sich wohl damit? Oder hätten Sie gern mehr Gestaltungsspielraum – sei es, dass Sie im Beruf gern eigenständiger handeln oder im Privatleben über mehr Zeit für sich allein verfügen möchten? Aber das Gegenteil kann ebenso der Fall sein: dass Ihnen alles zu weit ist, zu unverbindlich. Dass Sie gern klarere Vorgaben und mehr Verbindlichkeit hätten. Die Bedürfnisse sind ja individuell. Es gibt kein Richtig oder Falsch. Mehr Raum zu haben, das kann auch bedeuten: mehr Aufmerksamkeit von anderen oder schlicht mehr Platz in Quadratmetern. Spüren Sie nach, ob hier vielleicht ein Bedürfnis darauf wartet, erfüllt zu werden.

Wiederholen Sie innerlich öfter den Psalmvers, und achten Sie darauf, in welchen Situationen er für Sie stimmig ist und wann Sie ihn aus vollem Herzen sprechen können.

17

Die Freiheit hat keinen anderen Wert als den eines richtigen Gebrauchs.

Johann Friedrich Herbart

18 Von der Weite des Herzens

Eine Übung in Großzügigkeit

Zum persönlichen Freiraum und zur Weite der Landschaften, die wir genießen, kommt ein Drittes hinzu: die innere Weite – die Weite des Herzens sich selbst und anderen gegenüber.

Wer sein Herz weit macht, der gibt vielen Dingen Platz darin. Zuerst den Gefühlen für andere Menschen. Bildhaft wird das Herz ja oft mit einer Wohnung verglichen, in der es viele Zimmer für die unterschiedlichsten Bewohner gibt.
Innerlich, im Herzen, weit zu sein, bedeutet aber noch mehr. Weitherzigkeit heißt, nicht eng zu denken, nicht kleinlich. Wer ein weites Herz besitzt, ist eher großzügig und tolerant. Er muss nicht alles kontrollieren und kann auch mal »fünf gerade sein lassen«. Er erträgt abweichende Meinungen und lässt andere Menschen so sein, wie sie sind.

Ein hoher Anspruch? Wahrscheinlich! Aber es ließe sich ja klein anfangen – mit einer Woche Aufmerksamkeit für die innere Haltung. Fragen Sie sich in den kommenden Tagen immer wieder, ob Ihr Herz gerade auf »eng« oder auf »weit« gestellt ist. Und was Sie bräuchten, um von dem einen Zustand in den anderen zu gelangen. Vielleicht sitzt ein verborgenes Gefühl von Ärger oder Neid irgendwo, das beachtet werden will. Vielleicht geht es um ein Bedürfnis nach Kontrolle, das nur einmal bewusst werden muss, um an Kraft zu verlieren.

Kennen Sie einen wirklich weitherzigen Menschen? Dann versuchen Sie, sich an ihm zu orientieren und zu ergründen, was ihn so zufrieden und gelassen macht.

18

Das Herz hat seine Vernunft,
die der Verstand nicht kennt.

BLAISE PASCAL

19 Die Schönheit der Schöpfung

Mit allen Sinnen genießen

Auf einer Pilgerfahrt sammeln wir ununterbrochen Eindrücke. Die schönsten nehmen wir als seelischen Schatz mit nach Hause. Doch die Schönheit der Schöpfung begegnet uns auch daheim.

Zu den besonderen Erlebnissen einer Reise gehört es, dass wir mehr von der Welt zu sehen bekommen. Wir erkunden fremde Orte und entdecken dabei immerfort Neues. Und was noch wichtiger ist: Es gibt, wenn wir unterwegs sind, keine Pflichten und Notwendigkeiten, die uns davon abhalten, offen für das zu sein, was uns begegnet. Diese Art der Begegnung mit den Schönheiten der Schöpfung ist jedoch eine Haltung, die sich einüben lässt. Sie können sie also auch auf Ihrem Pilgerweg für daheim pflegen.

Fragen Sie sich an jedem Abend, was Ihnen heute an Schönem begegnet ist – und gemeint ist damit ganz wörtlich etwas, das Sie erfreut oder gar begeistert hat, einfach weil es so schön anzusehen, anzuhören, zu fühlen, zu riechen oder zu schmecken war. Noch besser ist es, wenn Sie während des Tages Augen, Ohren und die übrigen Sinne offen halten, um das zu genießen, was sich Ihnen bietet. Aber auch dann sollten Sie die abendliche Rückschau von circa einer halben Stunde nicht ausfallen lassen, sondern den Genuss noch einmal innerlich nachvollziehen.

Sie können ein kleines Schatzkästchen anlegen, Ihre Pilgertruhe, und für jedes Schöne einen Zettel hineinlegen, auf dem Sie Ihr Erlebnis notiert haben.

19

Schönheit ist die Form,
in der der Geist
die Welt am liebsten erkennt.

RALPH WALDO EMERSON

20 Aufgehen in schöpferischem Tun

Etwas Schönem Gestalt verleihen

Gestalten Sie in dieser Woche eigenhändig etwas, das vor allem eine Aufgabe zu erfüllen hat: Ihnen zu gefallen. Lassen Sie dazu Ihrer Fantasie und Ihrer Kreativität freien Lauf!

Kreativer Ausgleich ist in unserem aufs Funktionieren ausgerichteten Alltag sehr wichtig. Sie müssen dazu nicht unbedingt zeichnen oder basteln – es sei denn, Sie machen das gern. Stattdessen ist vielleicht jetzt der richtige Moment gekommen, um in der Wohnung die Änderung vorzunehmen, die Ihnen schon immer vorschwebte. Oder Sie gestalten ein Gartenbeet neu. Falls Sie keinen Garten oder Balkon haben, können Sie auch lose Blumen selbst arrangieren oder ein Stillleben aus Steinen, Teelichtern, Sand und anderen Dingen schaffen. Wichtig ist, dass Sie sich dabei mit den Farben und Formen befassen, dass Sie auf die Details achten – auf das Seidige und den Glanz der Blüten zum Beispiel oder auf die Körnigkeit des Sandes. Auch das Kochen, das Schreiben oder die Musik sind Bereiche, in denen Sie Ihrer Gestaltungsfreude freien Lauf lassen können.

Genießen Sie während der Übung das Ausprobieren, das Versuchen und wieder Verwerfen, bis Sie zu der Lösung gelangen, die Ihnen gefällt. Bedenken Sie: Das Wort gestalten kommt von Gestalt – Sie geben einer Sache ihre Gestalt. Das ist schöpferisches Tun.

Falls Sie etwas Vergängliches wie zum Beispiel ein Blumenarrangement gestaltet haben, fotografieren Sie es und legen das Foto in Ihr Schatzkästchen.

20

Was wahr in dir,
wird sich gestalten.

JOSEPH VON EICHENDORFF

21 Ein Lob den Schönheitsfehlern!

Das Unperfekte lieben lernen

Zu pilgern bedeutet nicht, nach Vollkommenheit zu streben. Im Gegenteil: Auf unserem Weg durchs Leben sollen wir lernen, das Unperfekte zu lieben – das lehrt schon die Bibel.

Wenn man beginnt, auf das Schöne, das Ästhetische zu achten, dann läuft man leicht Gefahr, sich in einer Jagd nach dem Perfekten zu verlieren. Als schön gilt ja oft nur noch das Vollkommene, das Makellose. Doch vielleicht haben Sie in den vergangenen beiden Wochen genau das Gegenteil erlebt: dass es die Schönheitsfehler waren, die eine Sache liebenswert machten. Die Unregelmäßigkeiten, die Macken, die von Geburt an vorhanden oder durch Gebrauch entstanden sind – weil das Leben nun einmal nicht nach dem Prinzip der Perfektion funktioniert. Was bedeutet: Auch wir müssen nicht vollkommen sein. Eine Religion, die das fordern würde, wäre unmenschlich.

»**When too perfect,** lieber Gott böse«, sagte der Videokünstler Nam June Paik. Schon im Schöpfungsbericht heißt es: »Gott sah, dass es gut war.« Wir sind gut genug, so wie wir geschaffen sind. Widmen Sie diese Woche daher Ihren Schönheitsfehlern und Macken aller Art: Heißen Sie sie willkommen, wenn sie Ihnen wieder mal auffallen, anstatt sich über sie zu ärgern. Und wo möglich, danken Sie Gott für sie, denn er hat auch sie geschaffen.

Wenn Sie mögen, überlegen Sie sich bei jeder einzelnen Unvollkommenheit, warum gerade sie jetzt einen Dank wert ist und was fehlen würde, gäbe es sie nicht.

21

Leute, die keine Fehler haben,
haben auch sehr wenige Tugenden.

ABRAHAM LINCOLN

22 Der Weg in die Wüste

Ein Tag ohne Ablenkung

Bis heute gilt der Rückzug in die Wüste als Inbegriff des spirituell motivierten Verzichts auf Reize und Genüsse. Auch Jesus ging einst in die Wüste, bevor er seiner Bestimmung folgte.

Nicht Mönche, sondern Eremiten waren die frühesten Gottsucher: Im dritten nachchristlichen Jahrhundert verschenkte der Ägypter Antonius sein Vermögen und zog sich in die Wüste nahe des Roten Meeres zurück, um in der Einsamkeit, fern von allen Ablenkungen, Gott näher zu sein. Andere folgten ihm. Als sie sich zu Wohngemeinschaften zusammenschlossen, entstanden daraus die ersten Klöster.

Versuchen Sie, in Ihren Alltag immer wieder Wüsten-Tage zu integrieren. Sie müssen dazu keine reale Wüste aufsuchen. Gemeint sind Tage, die so karg an Reizen sind wie eine Wüste und an denen Sie sich möglichst wenig zerstreuen, auch nicht durch Arbeit. Verzichten Sie dann zum Beispiel auf Gespräche, Radio, Fernsehen, PC und Lektüre. Bleiben Sie mit sich allein. Sie können diesen Tag im Freien verbringen oder drinnen. Wichtig ist, die äußeren Ablenkungen zu reduzieren. Als Orientierung für Ihren Geist können Sie den zu dieser Übung gehörenden Spruch abschreiben und bei sich tragen, um ihn immer wieder durchzulesen. Wenn sich Ablenkung oder Schläfrigkeit einstellen wollen, kehren Sie stets zu diesem Vers zurück.

Wenn es Ihnen im Moment nicht möglich ist, einen ganzen Wüsten-Tag einzulegen, dann versuchen Sie, ablenkungsfreie Wüsten-Stunden in Ihren Alltag einzubauen.

22

Im Schweigen liebt man am glühendsten; Lärm und Worte verlöschen oft das innere Feuer.

CHARLES DE FOUCAULD

23 Dämonen zum Schweigen bringen

Vom Umgang mit dem inneren Kritiker

Die Wüste ist der Ort der Unbehaustheit, der Schutzlosigkeit. Alte Geschichten berichten von Geistern und Dämonen, welche die Eremiten an ihrem einsamen Rückzugsort heimsuchten.

Heute wissen wir, dass die Dämonen nicht in einsamen Felsgegenden wohnen, sondern in unserem Inneren: Wer sich nicht mehr ablenken lässt, wird mit sich selbst konfrontiert – und mit den eigenen Abgründen. »Zuzeiten ist die Seele im Sturm«, schrieb einst der Eremit Makarios, ein Schüler des Antonius.

Wir alle kennen solche Stürme. Oft bedienen sie sich der Ermahnungen und Urteile, die wir als Kinder gehört haben und die unser Selbstbild bis heute prägen können. Der moderne Begriff für diese Art von Dämonen lautet: innerer Kritiker.

Nutzen Sie diese Woche, Ihren inneren Kritiker in Ihr Bewusstsein zu holen. Oft spult er seine Negativbotschaft so schnell ab, dass Sie sie gar nicht wahrnehmen. Versuchen Sie trotzdem, vor allem in Situationen, die Sie als negativ empfinden, den Refrain zu erhaschen, der in Ihrem Inneren womöglich gerade abläuft. Und identifizieren Sie ihn als das, was er ist – eine pauschale, negative Aussage über Sie, die Ihnen garantiert nicht gerecht wird. Solch eine Aussage könnte etwa lauten: »Ich bin nicht liebenswert, wenn ich Widerworte gebe.«

Sie können auch versuchen herauszufinden, warum der innere Kritiker Ihnen seine Botschaft sendet. Vielleicht hatte sie ja früher einmal einen Sinn – und ist längst überholt.

23

Lass dir von niemandem,
auch nicht von dir selbst,
dein Selbstvertrauen rauben.

ORISON SWETT MARDEN

24 Engel statt Dämonen

Die guten Geister rufen

Den inneren Kritiker aufzuspüren und seine Aussagen zu entkräften ist ein wichtiger Schritt. Doch dann sollte ein weiterer folgen, bei dem Sie zu Ihrem eigenen Fürsprecher werden.

Kehren Sie in der dritten Woche das Prinzip des inneren Kritikers um: Werden Sie zu Ihrem eigenen Fürsprecher! Ersetzen Sie, mythologisch gesprochen, die Wüstendämonen durch Engel. Wenn Sie erkannt haben, wie die Botschaft des Dämons lautet, dann setzen Sie eine positive dagegen. Ganz konsequent und möglichst konkret. Wenn Ihnen die innere Stimme vorrechnet, was Ihnen misslungen ist, dann halten Sie mit einer ebenso genauen Aufzählung dagegen, in der Sie benennen, was Sie bereits geschafft haben. Bemängelt der Dämon Charaktereigenschaften an Ihnen, dann überlegen Sie, welche positiven Aspekte das Kritisierte trotzdem auch hat. Wenn Sie zum Beispiel gern vorpreschen und andere dabei überrumpeln, dann ist die gute Seite dieser Eigenschaft Ihre Spontaneität, die sicher oft genug mitreißend wirkt. Wenn Sie ein penibler Mensch sind und sich deshalb unsicher fühlen, dann sagen Sie sich, dass Genauigkeit auch eine Tugend ist.

Bei einzelnen Projekten, die Ihnen der Dämon madig machen möchte, verfahren Sie ebenso: Zählen Sie innerlich alles auf, was Ihnen bei dem betreffenden Projekt gut gelungen ist.

Wenn Sie den letzten Teil dieser Übung über die Woche hinaus beibehalten, legen Sie Stück für Stück einen Vorrat an Mut und Selbstbewusstsein an.

24

Einen Menschen lieben heisst,
ihn so zu sehen,
wie Gott ihn gemeint hat.

FJODOR M. DOSTOJEWSKI

25 Die Mitte finden

Meditation in Bewegung

Das Labyrinth führt jeden, der sich ihm anvertraut, zur Mitte und wieder hinaus. Anders als der Irrgarten hat es keine Weggabelungen und Kreuzungen, wo man eine Richtung auswählen muss.

Vielleicht findet sich ein begehbares Labyrinth in Ihrer Nähe, etwa in einer Kirche oder einem Klostergarten. Sie können aber auch gut selbst eines malen oder legen: mit Kieseln, Teelichtern oder als Spur im Sand oder im Schnee. Nutzen Sie das zu dieser Übung gehörende Bild als Vorlage.
Schon das Legen des Labyrinths ist eine meditative Tätigkeit. Beginnen Sie damit am besten in der Mitte. Alles Leben entfaltet sich aus der Mitte und kehrt zu ihr zurück. Wenn es dann fertig ist, schreiten Sie das Labyrinth von außen nach innen ab oder fahren es mit dem Finger nach. Machen Sie sich die Kehren bewusst, die Länge des Weges und die Entfernung zur Mitte. Bewegen Sie sich dabei langsam und achtsam. Nehmen Sie vor allem auch wahr, wie Sie im Verfolgen des Weges alle Himmelsrichtungen einschlagen und zugleich einen Kreis beschreiben – beides steht für Ganzheit. Wenn Sie die Mitte schließlich erreicht haben, verweilen Sie hier ein wenig, bevor Sie wieder den Weg nach außen antreten.

Hin- und Rückweg zusammen können als Sinnbild für den Lebensweg begriffen werden: Auf dem Hinweg nimmt man die Welt in Besitz, auf dem Rückweg (ungefähr ab der Lebensmitte) entwickelt man eher sein Inneres. Erkennen Sie bei sich oder anderen dieses Muster wieder?

25

In dich selbst kehre zurück;
im inneren Menschen
wohnt die Wahrheit.

AUGUSTINUS

26 Das Gleichgewicht bewahren

Ausrichtung auf die Körpermitte

Nicht nur in der Meditation, auch in Situationen des Alltags ist es wichtig, sich auf die Mitte auszurichten. Sie tun das am besten mithilfe einer regelmäßig praktizierten Übung.

Aus der Physik wissen wir, wie zentrifugale Kräfte wirken – also solche, welche die Mitte fliehen: Sie haben Instabilität zur Folge. Und vielleicht kennen Sie aus schwierigen Entscheidungslagen, wie das Gefühl des Hin-und-hergerissen-Seins Sie auch körperlich ins Schwanken bringen kann.

Um die gegenteilige Erfahrung geht es jetzt: um die Zentrierung auf die Mitte als stabilisierende Übung für den Alltag. Stellen Sie sich dazu etwas mehr als hüftbreit hin. Die Knie sind locker, nicht durchgedrückt, die Fußsohlen haben guten Kontakt mit dem Boden. Der Oberkörper ist aufgerichtet, als wäre an Ihrem Scheitel ein unsichtbarer Faden befestigt. Die Augen sind geschlossen. Legen Sie Ihre Hände knapp unterhalb des Bauchnabels übereinander, die linke auf die rechte. Richten Sie nun Ihre ganze Aufmerksamkeit auf den Mittelpunkt in Ihnen, der sich auf Höhe Ihrer Hände im Körperinneren befindet. Stellen Sie sich vor, wie er Ihnen als Ihr innerer Schwerpunkt Stabilität verleiht. Bleiben Sie ein wenig in dieser Haltung, atmen Sie im Dreischritt von Einatmen, Ausatmen, Atempause. Nach etwa zehn Atemzügen verlassen Sie die Haltung langsam wieder.

Die Übung eignet sich auch immer dann, wenn Sie gestresst sind, »unter Strom stehen« oder das Gefühl haben, alles zerre an Ihnen.

Sei wie eine Brunnenschale, die erst Wasser in sich sammelt und dann überfliessend weiterschenkt.

BERNHARD VON CLAIRVAUX

27 Nicht aufgeben – heiter bleiben!

Für die Suche nach der Mitte braucht es Geduld

Beim Gang durchs Labyrinth ebenso wie beim Durchstehen von Alltagsproblemen brauchen wir vor allem eines: Geduld. Einen langen Atem und die Hoffnung, dass das Ziel sich zeigen wird.

Der Apostel Paulus hatte eigene Ansichten über die Geduld. Er fand, dass sich gerade schwierige Situationen, in denen das Ziel noch nicht sichtbar ist, bestens dazu eignen, Geduld zu entwickeln: »Bedrängnis bewirkt Geduld, Geduld aber Bewährung, Bewährung Hoffnung. Die Hoffnung aber lässt nicht zugrunde gehen«, schrieb er an die römischen Christen (Römer 5,3–5), und weiter: »Hoffen wir aber auf das, was wir nicht sehen, dann harren wir aus in Geduld.« (Römer 8,25) Eigentlich logisch: Wenn wir schon wüssten, wie alles ausgeht, dann wäre Geduld kein Kunststück. Nein, die Ungewissheit auszuhalten, das ist das Wesen der Geduld. Was bedeutet: Ihr innerster Kern ist die Hoffnung.

Diese Woche ist der Geduld gewidmet. Achten Sie jeden Tag darauf, wann und wobei es Ihnen schwer- oder leichtfällt, geduldig zu sein. Was ist einfacher für Sie: Geduld mit anderen oder mit sich selbst? Welches Gefühl dominiert, wenn Sie ungeduldig sind: Ärger oder Angst? Und wie gelingt es Ihnen dann doch, Geduld zu entwickeln? Was hilft Ihnen dabei? Notieren Sie, wenn Sie mögen, Ihre Einsichten.

Sagen Sie sich in Momenten der Ungeduld – nicht nur diese Woche – folgenden Satz von Papst Johannes XXIII.: »Meine Geduld muss heiter und lächelnd und nicht zu ernst sein.«

27

Wer Geduld hat, besitzt sich selbst.

Raimundus Lullus

28 Pausen nicht vergessen!

Innehalten und Kraft schöpfen

Über die Hälfte Ihres persönlichen Pilgerweges für daheim haben Sie jetzt zurückgelegt. Zeit, innezuhalten und auszuruhen, eine Rast einzulegen an Ihrem persönlichen Pausenort.

Suchen Sie sich für diese drei Wochen einen Ort in Ihrer Wohnung, den Sie zu Ihrem persönlichen Ort des Innehaltens bestimmen. Das kann ein ganzer Raum sein oder ein einzelnes Möbelstück, wie etwa ein bequemer Sessel oder ein geliebtes Sofa. Statten Sie diesen Ort mit allem aus, was Sie für eine entspannte Pause brauchen – etwas zu trinken, meditative Musik, eine Kerze, vielleicht eine Schlafmaske.
Suchen Sie möglichst immer diesen Ort auf, wenn Sie das Bedürfnis haben, Ihre Tätigkeit zu unterbrechen, oder wenn Sie müde sind. Sorgen Sie dafür, dass Sie nicht gestört werden, und stellen Sie auch das Telefon ab. Verweilen Sie hier für eine zuvor festgesetzte Zeit – zum Beispiel eine Viertelstunde. An diesem Ort bleibt man nicht auf Dauer. Man sucht ihn auf, bleibt dort ein wenig und verlässt ihn dann wieder. Es ist ein Ort für »Zwischenzeiten«.
Erlauben Sie sich, an gar nichts zu denken, während Sie ausruhen. Führen Sie nicht in Gedanken die unterbrochene Tätigkeit fort. Wenn sich diese Neigung einstellen will, lassen Sie sie vorbeiziehen, und sagen Sie sich: »Nachher wieder. Nicht jetzt.«

Falls Sie ganztags außer Haus erwerbstätig sind, suchen Sie Ihren Pausenort gleich nach dem Heimkommen auf, bevor Sie Dinge im Haushalt erledigen.

28

Ruhe ist für die Seele
der Anfang der Reinigung.

Basilius der Grosse

29 Nicht hier, nicht dort – wo dann?

Zwischenräume würdigen

Der Ort, an dem wir innehalten, ist ein Zwischenort. Er steht zwischen dem Ort der Tätigkeit davor und dem danach. Es lohnt sich, solche Zwischenorte einmal näher zu betrachten.

Die Pause am Zwischenort kann uns lehren, auch im übrigen Alltag aufmerksamer auf die Zwischenräume zu achten. Auf das Nicht-Hier und Nicht-Dort, das zwei Orte oder zwei Momente verbindet – und ebenso trennt.

Wie können solche Zwischenräume aussehen? Es können Räume im Wortsinn sein, aber auch Zeitspannen. Es sind zum Beispiel Fahrten, die uns von einem Ort an den anderen bringen, oder die Nächte, die einen Tag vom anderen trennen. Die Brachen, die zwischen gepflegten Gärten liegen, die Randstreifen längs unserer Wege. Auch die Wartezeiten, die wir eher als lästig empfinden. Und die kleinen Momente der Stille zwischen zwei Musikstücken, zwei Äußerungen, zwei Atemzügen ... Schärfen Sie in dieser Woche Ihre Sinne für solche Zwischenräume, die Ihnen im Alltag begegnen. Sie werden feststellen: Es sind Phasen oder Orte der Leere im guten Sinn. In ihnen wird verarbeitet, was zuletzt war, und es bereitet sich das vor, was als Nächstes kommt. Sie machen Grenzen deutlich und vielleicht auch Unterschiede. Sie dürfen leer oder wild bleiben, ungeordnet und somit voller Möglichkeiten, die darauf warten, verwirklicht zu werden.

Vielleicht legen Sie ein Verzeichnis all der Zwischenräume an, die Sie gefunden haben. Das schärft die Aufmerksamkeit für sie.

29

Ich liebe diese Stunde, die anders ist, kommt und geht.

Rainer Maria Rilke

30 Herbergen des Lebens

Orte der Geborgenheit wiederfinden

Eine Pilgerreise lässt sich nicht durchführen ohne Unterkünfte und Herbergen. Die Tage gehören der Wanderschaft, doch abends brauchen wir ein schützendes Dach über dem Kopf.

Die Herberge ist ein Ort, an dem man sich erfrischen und regenerieren kann, wo man zu essen bekommt und ein Bett – um am nächsten Morgen gestärkt weiterzugehen. Jetzt, in dieser Woche, ist Gelegenheit, einmal Ihr bisheriges Leben unter diesem Aspekt zu betrachten: Wo überall haben Sie bereits eine Herberge aufgesucht? Unter welche bergenden Dächer, in welche schützenden Hände haben Sie sich irgendwann einmal begeben? Wie haben Sie diese Zeiten des Ausruhens, des Innehaltens jeweils verbracht, und in welche Richtung sind Sie anschließend weitergegangen? Zum Beispiel wird die Phase, bevor man endgültig erwachsen wird, als Zeit des Innehaltens beschrieben, als sogenanntes Moratorium. Es steht eine Entscheidung an, aber noch darf man etwas warten, bis man sie trifft.

Suchen Sie in Gedanken Ihre Herbergen noch einmal auf – nur selten werden es reale Häuser sein, öfter wohl Beziehungen zu Menschen, die Ihnen seelisch oder materiell ein Verweilen und Durchatmen ermöglicht haben. Sprechen Sie, wenn es für Sie stimmig ist, einen Dank aus für die Geborgenheit, die Sie einst in der jeweiligen Herberge bekommen haben.

Eine Herberge für Ihre Pilgerreise für daheim haben Sie sich mit dem Pausenort von Übung 28 schon selbst geschaffen.

30

Welche Schwelle du auch immer betrittst, es möge jemand da sein, der dich willkommen heisst.

ALTIRISCHER SEGENSWUNSCH

31 Dankbarkeit als Lebenshaltung

Annehmen, was uns begegnet

Das Thema Dankbarkeit kam bei einigen vorherigen Stationen Ihres Pilgerweges schon zur Sprache, etwa in den Übungen 9 und 12. Diese Woche soll jetzt ganz dem Danksagen gewidmet sein.

Dankbarkeit ist mehr als nur ein Gefühl, das sich in bestimmten Situationen von selbst einstellt. Dankbarkeit ist eine Lebenshaltung. Wer dankbar ist, öffnet sich dem, was ihm begegnet, und sucht das Gute darin – auch wenn das vielleicht nicht immer leicht ist. Und er ahnt oder weiß, dass das, was er erlebt, kein blindes Schicksal ist. Dankbar zu sein bedeutet deshalb letztlich, das anzunehmen, was einem begegnet, und sich antwortend dorthin zu wenden, wo das Erlebte seinen Ursprung hat. Die Dankbarkeit ist daher eng verbunden mit dem Gebet.

Wer die Dankbarkeit als Haltung einübt, der behält im Gedächtnis, dass er sich und sein Leben nicht sich selbst verdankt. Das entlastet vom Machbarkeitswahn – von dem Irrtum, alles selbst und allein schaffen zu müssen.
Wiederholen Sie in diesen drei Wochen immer wieder diesen Vers: »Ich will dir danken, Herr, aus ganzem Herzen« (Psalm 9,2) oder ein anderes kurzes Dankgebet. Wiederholen Sie die Worte lautlos im Rhythmus Ihrer Schritte, wenn Sie unterwegs sind, und stimmhaft, wenn Sie allein sind – auch ohne äußeren Anlass.

Wenn Ihnen aktuell überhaupt nicht nach Dank zumute ist, versuchen Sie sich, während Sie den Vers sprechen, an Zurückliegendes zu erinnern, für das Sie wirklich danken können.

31

Nicht die Glücklichen sind dankbar.
Es sind die Dankbaren,
die glücklich sind.

FRANCIS BACON

32 Worte, die von Herzen kommen

Eine Übung in Dankbarkeit

Dank ist nicht Höflichkeit oder Schuldbegleichung. Jemandem Dank sagen, das ist Balsam für die eigene Seele und die des anderen. Es verbindet zwei Menschen auf besondere Weise.

Wir alle haben als Kinder gelernt, uns zu bedanken. Manchmal war es lästige Pflicht, manchmal ein Bedürfnis. Und das ist bis heute so geblieben: Es gibt die stereotypen Dankesformeln, die aus Gewohnheit, Höflichkeit oder sogar Kalkül vorgebracht werden. Und es gibt den anderen Dank – den, bei dem wir dem anderen ganz nah sind, ob wir ihm nun vor Freude um den Hals fallen oder nicht. Um ihn geht es jetzt.

Der innigste Dank bleibt unvollständig, wenn er nicht ausgesprochen wird. Natürlich können wir auch in Taten unsere Dankbarkeit beweisen. Doch das ersetzt nicht jenen besonderen Moment, da wir einen anderen Menschen anlächeln und die Worte sprechen.

Danken Sie in dieser Woche jenen Menschen, von denen Sie im Leben etwas Wichtiges bekommen haben, persönlich oder mit einer Karte, einem kleinen Brief. Sagen Sie schnörkellos, wie es ist und warum Sie danken. Und dann freuen Sie sich an der Freude des anderen mit! Überlegen Sie jeden Tag, ob Ihnen noch jemand einfällt, dem Sie danken können. Sie können die Dankesworte auch für sich zur Erinnerung aufschreiben.

Wenn Sie jemandem danken, der bereits verstorben ist, schreiben Sie die Dankesworte auf einen Zettel für Ihr Schatzkästlein (siehe Übung 19) oder in Ihr Notizbuch.

Ehe man ein schönes Wort
anwendet, muss man ihm
einen Platz bereiten.

JOSEPH JOUBERT

33 Wir sind gemeinsam unterwegs

Ein neuer Blick auf die Gefährten

Wir Menschen sind Gemeinschaftswesen und aufeinander angewiesen, das ist eine Grundtatsache. So heißt es schon im Schöpfungsbericht: »Es ist nicht gut, dass der Mensch allein bleibt.«

Bei der vorigen Übung sind Ihnen vermutlich mehr Menschen eingefallen, als Sie zunächst erwartet hatten. Ein ganzes Netz ist da sichtbar geworden, geknüpft aus Beziehungen, in denen es Grund zur Dankbarkeit gibt. Sogar Einzelgänger sind in ein Gemeinwesen eingebunden, das sie im Notfall hält.

Für Ihren Pilgerweg bedeutet das: Sie gehen diesen Weg nicht allein. Immer sind da vor, neben und hinter Ihnen andere in dieselbe Richtung unterwegs. Manchmal sind Ihre Wege deckungsgleich. Dann wieder entfernen Sie sich voneinander, und andere Pilger kommen stattdessen dazu. Sie können sich miteinander austauschen – über den Weg, über das Ziel und über Erfahrungen. Wenn der Rucksack zu schwer wird, helfen Sie einander, die Last zu tragen. Wenn die Richtung unklar ist, weiß vielleicht jemand anderer, wie es weitergehen soll. Überlegen Sie: Wer ist in diesen Tagen und Wochen mit Ihnen unterwegs? Mit wem teilen Sie welche Sehnsucht und Hoffnung, welche Zweifel und welche Freude? Von wem lassen Sie sich gern helfen? Von wem weniger gern? Wer könnte Ihre Unterstützung brauchen?

Rufen Sie sich auch immer wieder das Bild des Weges vor Augen, auf dem Sie mit anderen gemeinsam unterwegs sind. Es wird Sie Ihren Weggefährten noch mehr verbinden.

33

Ich liebe meine irdischen Freunde als Gefährten der Ewigkeit.

MECHTHILD VON MAGDEBURG

34 Im Rhythmus von Klang und Stille

Erholung für die Ohren

Die Augen sind für viele Menschen das wichtigste Sinnesorgan. Doch auch über das Hören sind wir eng mit der Außenwelt verbunden – nur dass wir die Ohren nicht schließen können.

Die Ohren sind ungeschützter als die Augen, denn sie besitzen keine Lider. Um sie vor zu vielen Reizen abzuschirmen, brauchen wir künstliche Hilfsmittel wie Ohrstöpsel. Und die wünschen wir uns tatsächlich manchmal. Denn überall fluten Geräusche, dringt Lärm auf uns ein – so sehr, dass wir zuweilen gar keine Lust mehr haben, hinzuhören. Versuchen Sie in diesen drei Wochen, Ihren Ohren etwas Frieden zu verschaffen. Verzichten Sie auf Geräuschkulissen wie Dauermusik oder Radiosendungen. Und konzentrieren Sie sich einmal am Tag für zehn Minuten auf ein bewusst gewähltes Geräusch. Nicht die absolute Stille, sondern die Freiheit von akustischem Stress ist das Ziel. Die Natur selbst ist ja keineswegs still. Da gibt es so viel zu hören! Schärfen Sie Ihren Gehörsinn zum Beispiel für die feinen Unterschiede bei mehreren Arten von Regen – vom Tröpfeln übers Pladdern bis zum schweren Rauschen.

Welche Geräusche mögen Sie am liebsten? Gibt es welche, bei denen Sie sich besonders behaglich und geborgen fühlen? Vielleicht haben die Sie schon seit Ihrer Kindheit begleitet.

Wenn Sie Musik hören, versuchen Sie, den einzelnen Stimmen zu folgen – wie sie mit anderen schwingen und sich wieder lösen und wie auf diese Weise ein Gesamtklang entsteht.

Ich lernte aber,
dass Beten nicht bloss Schweigen ist,
sondern Hören.

Søren Kierkegaard

35 Mit den Ohren des anderen hören

Ein Weg zur Verständigung

Zuhören ist manchmal eine echte Kunst. Doch wie alle Künste lässt auch diese sich einüben – in Gesprächen mit den Menschen, die Ihnen auf Ihrem Pilgerweg für daheim begegnen.

Richtig zuzuhören, das bedeutet zunächst, offen zu sein für das, was der andere sagt. Nicht innerlich gleich den Kommentar mitlaufen zu lassen, der das Gehörte bewertet und einsortiert. Sondern zu versuchen, es so zu erfassen, wie der andere es gemeint hat.

Aber: Wie hat er es denn gemeint? Weiß ich, was im Hintergrund bei ihm mitgeschwungen hat? Warum er etwas mit diesen Worten und in diesem Ton geäußert hat? Ich muss mich auf das verlassen, was ich wahrnehme. Doch unsere Wahrnehmung ist immer schon gefärbt von Vorerfahrungen, die wir gemacht haben. Diese haben mit dem Betreffenden vielleicht nichts zu tun und lassen uns trotzdem auf bestimmte Weise auf ihn reagieren. Wenn wir innerlich mehr bei unseren Bewertungen sind als bei dem, was der andere gerade sagt, ist das ein sicheres Zeichen dafür, dass wir nicht mehr richtig zuhören.

Der Arzt Jacob L. Moreno (1889–1974) sprach davon, dass man den anderen mit dessen eigenen Augen sehen müsse, um ihn zu verstehen. Stellen Sie sich diese Woche öfter einmal vor, Sie würden den anderen »mit dessen eigenen Ohren hören«.

Wenn wir in einer wichtigen Sache nicht sicher sind, hilft es auch, einfach nachzufragen: »Habe ich dich richtig verstanden, dass …?« So vermeidet man Missverständnisse.

35

Das Ohr ist der Weg zum Herzen.

FRANZÖSISCHES SPRICHWORT

36 Ich lass dich gehen

Die Grenzen des Verstehens annehmen

Sie sind kostbar, die Momente, in denen zwei einander so verstehen, als ob sie eins wären. Doch es gibt auch die andere Erfahrung: dass trotz allen Bemühens eine Fremdheit bleibt.

Manchmal erleben wir, dass wir uns noch so anstrengen und trotzdem mit dem anderen nicht zueinanderfinden, die Begegnung bleibt unvollständig und endet im Nichts. Eine traurige Erfahrung. Sie kann im Kleinen geschehen – wenn wir uns nicht verstanden fühlen – und im Großen, etwa wenn eine Liebe unerwidert bleibt.
Es braucht dann oft eine Weile, bis wir uns eingestehen können, dass hier die Hürden zu hoch waren, die Bedürfnisse zu unterschiedlich, die Erfahrungen zu trennend. Wir haben es versucht, haben gedacht, wenn wir uns bemühen, dann müsse es doch glücken. Aber ein Verstehen lässt sich nicht erzwingen – und ein Gefühl erst recht nicht. In solchen Lagen ist es besser, sich die Grenzen einzugestehen, anstatt sich an ihnen blutig zu stoßen. Dann gilt es, Abschied zu nehmen. Ohne Aufrechnen, ohne Schuldzuweisung.
Schauen Sie in dieser Woche immer wieder zurück auf nicht geglückte Begegnungen. Aus dem zeitlichen Abstand heraus entdecken Sie vielleicht, dass auch solche Erfahrungen Sie letztlich reicher gemacht und Ihnen vor allem gezeigt haben, wer Sie sind und was Sie brauchen.

Rückblickend können Sie auch einen Brief an den Betreffenden schreiben – den Sie aber nicht abschicken, sondern ins Tagebuch legen oder später verbrennen.

36

Alles, was uns begegnet,
lässt Spuren zurück.

JOHANN WOLFGANG VON GOETHE

37 Meine Wahl-Helfer

Landschaft mit Unterstützern

Gehen oder bleiben? Nach links oder rechts abbiegen? Oder doch weiter geradeaus? Wer unterwegs ist, sieht sich oft vor die Wahl gestellt – und muss eine Entscheidung treffen.

Entscheidungslagen sind Krisenlagen. Das Wort krísis bedeutet im Griechischen »Zwiespalt, Scheidung, Entscheidung«. Wir entscheiden uns tatsächlich oft erst, wenn es kritisch wird. Und bei jeder wirklichen Entscheidung bedeutet das »Ja« zur einen Seite ein »Nein« zur anderen. Wir bekommen etwas, aber wir geben auch etwas auf.
Sammeln Sie einmal, was Sie in einer Entscheidungssituation benötigen, um Ihre Wahl gut treffen zu können. Schreiben Sie alles auf, was Ihnen zum Stichwort »Gute Entscheidungen« einfällt. Das können Informationen sein, Gefühle, unterstützende Menschen und vieles mehr. Schöpfen Sie für diese Liste auch aus Ihren bisherigen Erfahrungen.
Wenn Ihnen nichts mehr einfällt, schreiben Sie alles Gefundene noch einmal auf – gern verschiedenfarbig oder farbig unterlegt, je nach Thema. Diese Liste lesen Sie nun täglich einmal in Ruhe durch. Achten Sie beim Lesen darauf, welche Assoziationen entstehen. Wenn Ihnen dabei weitere Dinge einfallen, so ergänzen Sie die Liste.

Sie können die Liste auch als Bild gestalten, als Landschaft mit Wegweisern. Alle Unterstützungen, die Sie gefunden haben, können sich in Gestalt von Pflanzen, Tieren, Wolken ... auf dem Bild wiederfinden. Auch dieses Bild lässt sich immer wieder ergänzen.

37

Es gibt immer einen Punkt,
wo wir wagen müssen.
Und wir dürfen wagen!

KARL HOLL

38 Mal du, mal ich, mal wir

Kleine Anleitung für Weggefährten

Wer die Wahl hat, hat die Qual. Doch müssen wir nicht alles allein entscheiden. Und es ist eine gute Erfahrung, sich mit anderen abzustimmen, wohin der Weg als Nächstes führen soll.

Vanille oder Schokolade oder doch beides? Schon kleine Kinder erleben die Qual der Wahl – und sind erfreut und stolz, wenn sie selbst entscheiden dürfen. Erwachsenen geht es ähnlich. Es fühlt sich einfach gut an, einen Handlungsspielraum zu haben.

Legen Sie Ihr Augenmerk in dieser Woche auf die kleinen und großen Wahlmöglichkeiten, die Sie im Alltag haben und die Sie anderen lassen. Oft verkleinert man den Freiraum für andere ungewollt – weil man ihnen etwas abnehmen und ihnen helfen will oder weil es einfach schneller geht, wenn man selbst entscheidet. Gerade im Umgang mit Kindern oder anderen Schutzbefohlenen, mit Mitarbeitern oder Abhängigen schleicht sich solch ein Verhalten leicht ein.

Versuchen Sie auch herauszubekommen, wo Sie Ihre eigenen Wahlmöglichkeiten vorschnell aus der Hand geben – vielleicht weil Sie einen Konflikt befürchten – und wo es Ihnen wirklich gleichgültig ist, wie etwas entschieden wird.

Wenn Sie merken, dass Sie Konflikte auch in wichtigen Dingen vermeiden, dann sprechen Sie mit einem vertrauten Menschen darüber. Lassen Sie sich von ihm rückmelden, wie er Sie in dieser Hinsicht wahrnimmt, und überlegen Sie gemeinsam, wie Sie künftig Ihren eigenen Standpunkt deutlicher zum Ausdruck bringen können.

Die Würde des Menschen,
scheint mir, besteht in der Wahl.

MAX FRISCH

39 Von Haupt- und Nebenwegen

Sich mit den eigenen Entscheidungen versöhnen

Je älter wir werden, desto mehr Weggabelungen und -kreuzungen haben wir schon passiert. Wir haben viele Entscheidungen getroffen und können im Rückblick unseren Lebensweg erkennen.

Es ist wichtig, mit den großen Entscheidungen des Lebens einigermaßen im Einklang zu sein. Auch dann, wenn wir heute in derselben Lage anders entscheiden würden als einst. Da hilft es, sich klarzumachen, dass es damals, zum Zeitpunkt der Entscheidung, gute Gründe für den Weg gab, den wir eingeschlagen haben. Und manchmal geschieht es, dass ein Weg, den wir einst ausgeschlagen haben, irgendwie doch noch – in veränderter Form – Teil unseres Lebens geworden ist.
Davon handelt der nachfolgende Text, den Sie in dieser Woche immer wieder lesen und auf sich wirken lassen können. Überlegen Sie, welche Hauptwege und welche Nebenpfade sich durch die Landkarte Ihres Lebens ziehen. Halten Sie sie in Worten oder in einer kleinen Skizze fest.

An jenem Abzweig stand ich einst
und fragte nach dem Weg.
Nimm diesen, sagte eine Stimme,
und sie nannte gute Gründe.
Noch oft hab ich seither
an Abzweigungen gestanden.
Der Weg, den ich verwarf,
läuft heute neben meinem her
als schmaler Pfad.
Zuweilen geh ich ihn und schau
von dort zum Hauptweg hin,
zufrieden, wie es ist.

39

Für jeden Menschen
existiert ein besonderer Weg.

LEO N. TOLSTOI

40 Der dunkle Begleiter

Dem eigenen Schatten begegnen

Einen Weggefährten haben wir, der ist uns überhaupt nicht lieb. Und doch werden wir ihn nie ganz los: unseren Schatten. Aber – auch mit ihm müssen wir lernen, unterwegs zu sein.

Er läuft uns voraus oder geht mal neben und mal hinter uns. Er kann sich zu Riesengröße aufblähen oder sich ganz klein machen und fast verschwinden – nur um hinter der nächsten Ecke wieder aufzutauchen.

Der Schatten repräsentiert all die Anteile in uns, die wir als zerstörerisch oder auch nur als peinlich und minderwertig empfinden und von denen wir keinesfalls möchten, dass andere sie erblicken. Aber bei uns selbst müssen wir schon hinschauen. Denn was wir ausblenden, wird sich umso mehr bemerkbar machen. C. G. Jung (1875–1961) nennt den Schatten unseren »dunklen Bruder«, den wir brauchen, um vollständig zu sein: »Die lebende Gestalt bedarf tiefer Schatten, um plastisch zu erscheinen.«

Versuchen Sie zunächst, ein Bild für Ihren Schatten zu finden. Sei es, dass Sie Ihren eigenen Schatten einmal malen (im Licht einer Lampe, die hinter Ihnen steht). Oder dass Sie sich ihn als Gestalt vorstellen. Wie sieht er aus? Was sagt und was tut er? Sprechen Sie mit ihm. Hat er vielleicht eine Botschaft an Sie? Wiederholen Sie in diesen Wochen jeden Tag die Begegnung mit Ihrem Schatten, und notieren Sie Ihre Erkenntnisse.

Sie können auch einen Brief an Ihren Schatten schreiben – oder versuchen, einen Brief aus seiner Sicht an Sie zu richten.

40

Wer um Schatten auf seinen
Wegen zu scheu herumgeht,
geht nicht weit.

WILHELM RAABE

41 Splitter und Balken

Projektionen zurücknehmen

Wir alle neigen dazu, unsere Schattenseiten zu verlagern. Das heißt, wir projizieren sie auf andere Menschen. Doch wir kommen nur weiter, wenn wir sie als unsere eigenen annehmen.

»**Warum siehst du** den Splitter im Auge deines Bruders, aber den Balken in deinem Auge bemerkst du nicht?«, fragt Jesus in der Bergpredigt (Matthäus 7,3). Wenn wir so handeln, wie hier beschrieben, passiert zweierlei: Wir verschlechtern den Kontakt zum anderen. Und wir drücken uns darum herum, den Schatten bei uns selbst wahrzunehmen.

Diese Woche ist den Balken und den Splittern gewidmet. Achten Sie jeden Tag darauf, wo Sie sich über eine Eigenschaft oder ein Verhalten eines anderen Menschen ärgern. Überlegen Sie dann, ob der Grund Ihres Ärgers etwas mit Ihnen zu tun haben könnte – und mit dem Bild, das Sie von sich selbst haben. Besonders Dinge, über die wir uns bei anderen geradezu reflexartig aufregen, haben meist sehr viel mehr mit uns selbst zu tun als mit dem anderen. Wenn Sie jemanden zum Beispiel zu impulsiv finden, dann geht es vielleicht um Ihre eigene unkontrollierte Seite, die Sie fürchten. Versuchen Sie zunächst, solche Schattenverlagerungen einfach zu erkennen. Damit ist schon viel gewonnen.

Natürlich kann es einmal vorkommen, dass Sie bei sich nichts finden, was hinter Ihrer Kritik am Gegenüber stecken könnte. In dem Fall lassen Sie dem anderen seinen Splitter, seinen Schatten – oder Sie sprechen sehr vorsichtig an, was Sie stört.

Wir hassen unsere Fehler – wenn
wir ihnen bei anderen begegnen.

Marie von Ebner-Eschenbach

42 Mit dem Schatten versöhnt

In Frieden weiterziehen

Wenn wir auf unsere dunklen Seiten gestoßen sind, dann sollten wir nicht bedrückt davonschleichen, sondern aus der Begegnung etwas Gutes mitnehmen: eine Erkenntnis oder eine Versöhnung.

Der Schatten kann uns vieles zeigen. Er macht uns zum Beispiel deutlich, vor welchen negativen Kräften wir uns selbst schützen müssen. Selbstschutz heißt aber eben nicht, diese Kräfte weiterhin zu ignorieren nach dem Motto »Es gibt sie nicht«, sondern zu akzeptieren: Auch die Wegweiser in diese dunklen Richtungen existieren. Wir sehen sie, und wir entscheiden uns, ihnen nicht zu folgen, sondern eine andere Richtung einzuschlagen. Das ist eine wichtige Schlussfolgerung aus der Begegnung mit dem Schatten: Wir erkennen, was wir ändern wollen.

Dazu gehört aber, dass wir uns mit unserer Unvollkommenheit versöhnen. Wir wissen jetzt: Ohne Schatten wären wir nur halb. Wenn Sie in dieser dritten Woche also auf Ihren Schatten – oder auf einen Aspekt von ihm – treffen: Suchen Sie nach dem Guten, das aus dieser Begegnung erwachsen soll! Nach dem Frieden, den Sie mit sich machen, und nach der Richtung, die Sie jetzt einschlagen wollen. Fassen Sie Ihre Erkenntnisse in Worte, bleiben Sie nicht bei bloßen Gefühlen stehen. Benennen Sie vor allem das neue Ziel, das Sie nach einer Begegnung mit dem Schatten vor Augen haben.

Der Vorsatz, nach einer Begegnung mit Ihrem Schatten versöhnt weiterzuziehen, kann Sie auch über diese Woche hinaus begleiten.

42

Die Liebe gebe deinem Streben die Richtung

Siegfried August Mahlmann

43 Unsere Spurenleger

Ein Wiedersehen mit den Vorbildern

Die Frage, woher wir kommen und wohin wir gehen, bringt uns irgendwann in Kontakt mit den Menschen, die einst Wegweiser für uns waren, die uns geleitet haben – mit unseren Vorbildern.

Vorbilder haben sich ihre Rolle meist nicht ausgesucht. Oft wissen sie gar nichts von ihr. Und doch sind sie so wichtig. Wie soll ich wissen, wozu ich fähig bin, was ich kann und will, wenn mir niemand etwas zeigt? Wenn niemand mir Werte vorlebt? Wenn niemand eine Spur legt, der ich für eine Weile folgen kann?

Nehmen Sie sich in dieser Woche die Zeit, täglich Ihre Spurenleger um sich zu versammeln. Beginnen Sie mit der Atemübung (Übung 10). Wenn Sie in einen gleichmäßigen Atemrhythmus hineingefunden haben, dann begeben Sie sich innerlich an einen Ort, an dem Sie Ihren Vorbildern gern begegnen möchten. Soll es eine Festtafel im Freien sein? Oder ein gemütliches Zimmer mit verschiedenen Sitzgelegenheiten? Wenn Sie Ihren Ort gestaltet haben, lassen Sie Ihre Vorbilder kommen. Begrüßen Sie jedes einzeln und schauen Sie: Jedes hat Ihnen etwas mitgebracht – ein Symbol für das Geschenk, das Sie einst von ihm bekommen haben.

Wenn Sie mit allen in Kontakt waren, können Sie die Runde langsam auflösen. Nach ein paar weiteren Atemzügen kehren Sie ins Hier und Jetzt zurück.

Wenn Sie mögen, schreiben Sie anschließend auf, welche Geschenke Ihre Vorbilder mitgebracht haben – in Ihr Notizbuch oder auf Zettel für Ihr Schatzkästlein (Übung 19).

Ein grosses Muster weckt
Nacheiferung und gibt dem Urteil
höhere Gesetze.

FRIEDRICH VON SCHILLER

44 Darf ich dich was fragen?

Vorbilder haben niemals ausgedient

Jedes Vorbild hat seine bestimmte Zeit – und nach ihm kommt wieder ein anderes. Aber manchmal lohnt es sich durchaus, die alten Vorbilder auch später noch einmal um Rat zu fragen.

Immer wieder im Leben geraten wir in Situationen, in denen wir einen guten Rat bräuchten – nur ist gerade niemand da, den wir fragen könnten. Sei es, dass eine altbekannte Lage uns nicht mehr angemessen erscheint, ohne dass wir wüssten, wie sie zu ändern wäre. Sei es, dass etwas Neues geschieht, und wir wissen noch nicht, wie wir darauf reagieren sollen. Wie wäre es, uns da auf unsere Vorbilder zu besinnen und zu überlegen, ob sie nicht noch einmal einen guten Rat für uns bereit haben?
Besinnen Sie sich in dieser Woche auf Dinge, über die Sie derzeit häufiger nachdenken müssen. Laden Sie dann in Ihrer Fantasie spontan eines Ihrer Vorbilder ein und fragen es nach seiner Meinung dazu. Auch wenn Ihr Vorbild selbst keine vergleichbare Situation erlebt hat, verfügt es doch wahrscheinlich über Stärken, von denen Sie sich etwas abgeschaut haben – sonst hätten Sie es ja nicht zum Vorbild gewählt. Welche Stärke könnte Ihnen bei dem speziellen Thema weiterhelfen? Wie weit haben Sie sie schon bei sich entdeckt, und wie sehr haben Sie sie ausgebildet? Vielleicht bringt Sie der Kontakt mit Ihrem Vorbild auf eine neue, kreative Lösung.

Es kann sein, dass Sie zwei oder drei Vorbilder fragen müssen, bis Sie auf den richtigen Ratgeber für das jeweilige Problem treffen.

44

Der Mensch muss am längsten lernen, weil er am meisten zu lernen hat.

WILHELM VON HUMBOLDT

45 Das soll bleiben

Spuren, die ich legen möchte

Unsere Stärken bilden wir im Kontakt mit Vorbildern aus. Und selbst werden wir wieder zu Spurenlegern für andere Menschen. Widmen Sie sich also auch Ihren eigenen Werten.

Ein Vorbild zu sein, das bedeutet, dass man im übertragenen Sinn fruchtbar ist und etwas weitergibt. Jeder Mensch hat etwas weiterzugeben. Nachdem Sie in Kontakt mit Ihren Vorbildern gekommen sind und einige auch im Alltag um Rat gefragt haben, können Sie deshalb nun den Blick auf sich selbst richten und sich fragen: Was ist mir selbst wichtig? Welche Werte will ich weitergeben und glaube ich, weitergeben zu können?

Werte und auch Erkenntnisse gibt man ja weiter, indem man ihnen in der eigenen Lebensführung Ausdruck verleiht – also indem man ein Beispiel gibt. Sammeln Sie in dieser Woche, was Sie gern durch Ihr Beispiel weitergeben möchten – am besten schreiben Sie alles auf. Achten Sie auch darauf, wo und wie Sie das Weitergeben schon umsetzen. Und bedenken Sie dabei: Es ist keine Anmaßung, sich zu wünschen, man möge ein Vorbild für andere sein. Jeder Mensch lernt vom anderen. Wir sind Gebende und Empfangende – das ganze Leben hindurch.

Wenn Sie mögen, fragen Sie doch mal einen sehr vertrauten Menschen, ob er etwas an Ihnen wahrnimmt, das einen Vorbildcharakter haben könnte. Erzählen Sie ihm zum besseren Verständnis von dieser Übung und auch von den beiden vorangegangenen. Vielleicht entsteht daraus ein interessanter Gedankenaustausch.

45

In dir muss brennen,
was du in anderen entzünden willst.

AUGUSTINUS

46 Die Wurzeln spüren

Was gibt uns Halt?

Ein Mensch, der an seine Kraftquelle, an den Glauben, angeschlossen ist, »ist wie ein Baum, der am Wasser gepflanzt ist und am Bach seine Wurzeln ausstreckt«. (Jeremia 17, 8)

Dieses Bild kann Sie zu einer Übung inspirieren, die Sie in Kontakt mit Ihren Kraftquellen bringt. Stellen Sie sich hin, die Füße hüftbreit auseinander, die Knie locker, den Oberkörper aufgerichtet. Die Arme hängen seitlich herab. Finden Sie Ihren Atemrhythmus, und schließen Sie die Augen. Suchen Sie sich in Ihrer Fantasie einen Platz, wo Sie gern stehen würden, wenn Sie ein Baum wären – auf einer Wiese mit einem kleinen Bachlauf in der Nähe? In Gemeinschaft mit anderen oder lieber allein? Dann richten Sie Ihre Aufmerksamkeit auf Ihre Fußsohlen, die guten Kontakt zum Boden haben sollen. Malen Sie sich aus, wie Sie nun langsam Wurzeln schlagen. Kräftige Wurzeln, die für Halt sorgen, und Feinwurzeln, durch die Sie Wasser und Nahrung aufnehmen. Spüren Sie, wie Sie gut und fest stehen und wie Sie aus dem Erdreich mit allem versorgt werden, was Sie brauchen – bis hinauf in die Krone, in die kleinsten Blätter. Nach ein paar Minuten kommen Sie mit einer kleinen Bewegung der Hände und Füße ins Hier und Jetzt zurück und öffnen die Augen.

Sie können auch einen Baum malen und das Bild beschriften: Bei den Wurzeln notieren Sie, was Ihnen Kraft gibt. Beim Stamm, welche Stütze Sie haben. Bei den Früchten, was Sie erreicht haben.

Alle Kraft, die wir fortgeben,
kommt erfahren und verwandelt
wieder über uns.

RAINER MARIA RILKE

47 Was gibt uns Stärke?

Kraftspender im Alltag erschließen

Sich seiner Wurzeln bewusst zu sein, das wirkt stärkend. Achten Sie deshalb im Alltag darauf, aus welchen Quellen Sie Kraft schöpfen – Kraft sowohl für den Leib als auch für die Seele.

Jeder Mensch hat seinen eigenen Energiehaushalt. Die einen scheinen über unerschöpfliche Vorräte zu verfügen, während andere sich öfter etwas Ruhe und Phasen des Auftankens gönnen müssen. Aber was ist das überhaupt – Kraft und Energie? Es ist vielleicht eine leib-seelische Mischung aus Lebensmut und guter körperlicher Verfassung.
Richten Sie Ihre Aufmerksamkeit auf das, was Ihnen Energie und Wohlbefinden spendet. Was brauchen Sie, um körperlich bei Kräften zu sein? Mehr Ruhe, mehr Bewegung, bewussteres Essen? Gibt es etwas, dessen gute Wirkung Sie bereits früher einmal erfahren haben und worauf Sie zurückgreifen können? Und in seelischer Hinsicht: Was tut Ihnen besonders gut? Ist es der Kontakt mit lieben Menschen oder gerade umgekehrt mehr Zeit mit sich selbst allein? Sind es schöne Erlebnisse, durch die Sie Ihren Erinnerungsschatz bereichern? Oder ist es eher die angenehme Zufriedenheit, die sich nach einer Anstrengung einstellt?
Notieren Sie Ihre Kraftquellen möglichst, sobald sie Ihnen auffallen, damit sie nicht in Vergessenheit geraten. Tragen Sie deshalb am besten etwas zu schreiben bei sich.

Sie können sich zusätzlich auch die jeweilige Situation aufschreiben, in der eine Kraftquelle Ihnen aufgefallen ist. So werden Zusammenhänge sichtbar.

47

Kräfte lassen sich nicht mitteilen, sondern nur wecken.

Ludwig Büchner

48 Erfüllung erleben

Das Sakrament des Augenblicks

Wenn es um Kraft und Energie geht, dann geht es darum, wie gut etwas ist – und nicht, wie viel davon da ist. Dann kann der kleinste Augenblick größer sein als eine lange Spanne Zeit.

Wir füllen unsere Zeit oft bis zum Rand – mit Arbeit oder Freizeitaktivitäten. Selbst das Ausruhen hat heute schon Erlebnischarakter. Doch was macht einen Moment wertvoll? Dass wir im Einklang sind mit dem, was wir tun und was wir nicht tun. Dass uns etwas geschenkt wird – eine Begegnung, ein Genuss, ein Freiraum – und wir es ganz auskosten können.

Unsere Zeit sollte nicht nur angefüllt sein, sie sollte erfüllt sein. Diese gute Art der Fülle wird in der Bibel mit Gottes Wirken in Verbindung gebracht. Das bedeutet: Diese Fülle können wir nicht selbst herstellen. Wir können uns aber für sie öffnen, indem wir uns entschließen, ganz in der Gegenwart zu sein, ohne Gedanken an Vergangenes oder Künftiges. Mit einem Wort: frei – und hingegeben an den Moment. Der Mystiker Jean Pierre de Caussade (1675–1751) sprach sogar vom »Sakrament des Augenblicks«.

Fragen Sie sich in dieser Woche an jedem Abend, ob Sie heute solch einen Augenblick der Fülle erlebt haben. Was machte ihn wertvoll, was lag ihm zugrunde?

Durch diese Übung kann sich auch scheinbar wertlose Arbeit mit Sinn erfüllen. Denn dann liegt deren Wert in der Hingabe, mit der Sie diese Arbeit tun. Im Buddhismus betrachtet man sogar Hausarbeit als Weg der Meditation.

48

JEDER AUGENBLICK DES LEBENS
WILL UNS ETWAS SAGEN.

FRIEDRICH NIETZSCHE

49 Kleine Lese-Meditation

Einen Text verinnerlichen

Eine weite Strecke haben Sie schon zurückgelegt. Sie haben Helles und Dunkles angeschaut, die Wurzeln und den Himmel, die Welt und Ihr Herz. Nun geht es um die Begegnung mit Gott.

Im zwölften nachchristlichen Jahrhundert entwarf der Theologe Hugo von St. Viktor bei Paris eine Schrittfolge der mystischen Versenkung. Sie besteht aus der Lesung eines Textes und seiner Meditation, also seiner konzentrierten Betrachtung, aus dem Gebet und schließlich aus der Kontemplation, der Seeleneinheit mit Gott. Um diese vier Schritte soll es nun gehen, zunächst um die beiden ersten: das Lesen und Meditieren.

Suchen Sie sich einen Text aus, der Ihnen gefällt und der Sie anspricht. Das kann ein biblischer oder ein anderer besinnlicher Text sein. Legen Sie ihn gut sichtbar vor sich hin. Kommen Sie dann, wie in Übung 10 beschrieben, über den Atem zur Ruhe. Lesen Sie den Text ganz langsam durch, am besten mehrmals. Dann gehen Sie zu der Textstelle zurück, auf die Sie beim Lesen besonders aufmerksam wurden – weil sie Ihnen gefallen hat oder aber weil sie irgendwie sperrig war. Verweilen Sie bei ihr, lassen Sie sie auf sich wirken.

Nach zehn Minuten oder wenn Sie den Eindruck haben, fertig zu sein, verharren Sie einen Moment in der Versenkung und beenden die Übung dann mit einer kleinen Bewegung.

Bleiben Sie gedanklich immer nah am Text. Ärgern Sie sich nicht, wenn Sie abgeschweift sind. Kehren Sie einfach immer wieder zum Text zurück.

Dein Wort ist meinem Fuss eine Leuchte, ein Licht für meine Pfade.

PSALM 119,105

50 Eine Antwort finden

Begegnung im Gebet

Auf das Lesen und Meditieren folgt das Gebet. Lassen Sie Ihre Begegnung mit dem Text in dieser Woche in eine Gebetserfahrung münden, bei der Sie Eigenes ausdrücken können.

Beginnen Sie wie in der vorigen Übung mit dem Atmen und dem meditierenden Lesen des Textes. Doch dann gehen Sie einen Schritt weiter. Während Sie in der vergangenen Woche ganz nah am Geschriebenen geblieben und bei Abschweifungen immer wieder dorthin zurückgekehrt sind, gestatten Sie Ihrer inneren Stimme diesmal, auf den Text zu antworten. Reagieren Sie mit Aussagen, mit Fragen, mit einzelnen Worten oder nur mit einem Seufzer – ganz wie es kommen will.

So gelangen Sie wie von selbst in eine innerliche Gebetshaltung hinein – ob Sie nun dabei die Hände falten oder nicht. Kennzeichen des Gebets ist, dass Sie nicht mit sich selbst sprechen, sondern Ihre Worte woandershin richten – nach außen, an eine höhere Macht, oder nach innen, in die Tiefe Ihres Herzens, wo Sie sich gehalten oder wie von einem Funken erhellt fühlen. Wichtig ist, dass Sie spüren: Ihr Gebet ist willkommen. Wenn Sie sich im Gebet vom gelesenen Text entfernen, ist auch das in Ordnung. Er hat Ihnen heute den Anstoß für Ihre eigenen Worte gegeben.

Sie können für das Gebet bei dem Text ansetzen, den Sie in der vergangenen Woche gelesen haben, Sie können aber auch einen anderen nehmen. Entscheiden Sie sich aber für einen Text, bevor Sie mit der Übung beginnen.

50

Die Tiefe der Menschenseele
birgt unergründliche Kräfte,
weil Gott selbst in ihr wohnt.

Franz von Assisi

51 Das »Wiederkäuen«

Sich-Versenken durch Wiederholung

Die Kontemplation oder auch Betrachtung ist die höchste Stufe des Gebets. In ihr verweilt der Mensch passiv, er kann sie nicht herstellen. Doch er kann sich auf sie einstimmen.

Die Kontemplation als reines Schauen und momenthaftes Einswerden der Seele mit Gott ist keine Leistung, die wir uns erarbeiten können, sie ist ein Geschenk. Es gibt aber eine Gebetsform, die dazu helfen kann, sich für diese Begegnung zu öffnen: die sogenannte Ruminatio.
Ruminatio bedeutet auf Deutsch »Wiederkäuen«. In Gestalt des berühmten Jesus- oder auch Herzensgebets ist diese Gebetsform von den ägyptischen Mönchen über den griechischen Berg Athos in die russische Frömmigkeit eingegangen und schließlich auch bei uns bekannt geworden. Das Herzensgebet hat seit vielen Jahrhunderten eine feste Textgestalt, es lautet: »Herr Jesus Christus, erbarme dich meiner!«
Sie können sich für Ihr Gebet auch einen Vers oder ein einzelnes Wort suchen, das für Sie eine spirituelle Bedeutung hat. Kommen Sie mithilfe der Übung 10 über Ihren Atem zur Ruhe. Wiederholen Sie nun innerlich nur das gewählte Wort oder den Vers, immer im Rhythmus Ihres Atems. Die Worte werden sich von selbst auf das Ein- und Ausatmen verteilen. Wichtig ist, sie immer wieder kommen zu lassen – so lange Sie möchten.

Der unbekannte Autor der mystischen Schrift »Die Wolke des Nichtwissens« aus dem 14. Jahrhundert empfiehlt, für die Ruminatio das einsilbige Wort »Gott« zu nehmen.

51

Alles fliesst zusammen.
Alles wird ein Ton, ein Seufzer.

JOHANN GOTTFRIED VON HERDER

52 Das innerste Geheimnis

In der Liebe bleiben

Bei der letzten Station des Jakobswegs für zu Hause erwartet uns – als Anfang und Ziel allen Suchens und Hoffens – die Liebe. Sie ist eine Energie tief in uns, die genutzt werden will.

Der Apostel Paulus nennt sie einen Weg, der alles übersteigt. Für ihn muss die Liebe bei allem, was wir tun, dazukommen, um dem Handeln seinen eigentlichen Wert zu verleihen: »Wenn ich meine ganze Habe verschenkte, … hätte aber die Liebe nicht, nützte es mir nichts« (aus dem Hohelied der Liebe, 1. Korintherbrief 12,31b–13,13). Und für die Mystiker ist die Liebe die Kraft im Innersten der Schöpfung, denn sie bedeutet Sich-Öffnen, Austausch und Vereinigung.

Versenken Sie sich in die Meditation der Liebe mithilfe des Verses 1. Johannes 4,16: »Gott ist die Liebe, und wer in der Liebe bleibt, bleibt in Gott, und Gott bleibt in ihm.« Nehmen Sie dazu die Meditationshaltung ein, und kommen Sie über den Atem zur Ruhe – wie Sie es schon in Übung 10 gelernt haben. Lesen Sie den Vers mehrmals und finden Sie das Wort im Text, das Sie gerade besonders anspricht: »Gott«, »Liebe« oder »bleiben« … Es kann wirklich jedes Wort sein. Käuen Sie dieses Wort eine kleine Weile im Rhythmus Ihres Atmens wieder (siehe Übung 51). Sie müssen vorher nicht gedanklich klären, was dieses Wort für Sie bedeutet. Wichtig ist nur, es wirken zu lassen.

Auch in Zukunft, wenn Ihr Weg Sie weiterführt, können Sie immer wieder zu diesem Vers zurückkehren.

Die Liebe trägt die Seele,
wie die Füsse den Leib tragen.

KATHARINA VON SIENA

Meditationen und spirituelle Übungen für 52 Wochen

ABSCHIEDE

(13) Mit leichtem Gepäck unterwegs – Seelischen Ballast abwerfen
(14) Zeit zum Entrümpeln – Energiefresser jetzt aussortieren
(15) Es war gut – es ist vorbei – Zum Umgang mit Abschieden

FREIHEIT

(16) Die Weite des Himmels – Schauen Sie öfter mal nach oben
(17) Den eigenen Freiraum wahrnehmen – Wie viel Eigenständigkeit brauchen Sie?
(18) Von der Weite des Herzens – Eine Übung in Großzügigkeit

LEBENSFREUDE

(19) Die Schönheit der Schöpfung – Mit allen Sinnen genießen
(20) Aufgehen in schöpferischem Tun – Etwas Schönem Gestalt verleihen
(21) Ein Lob den Schönheitsfehlern! – Das Unperfekte lieben lernen

HINDERNISSE

(22) Der Weg in die Wüste – Ein Tag ohne Ablenkung
(23) Dämonen zum Schweigen bringen – Vom Umgang mit dem inneren Kritiker
(24) Engel statt Dämonen – Die guten Geister rufen

SAMMLUNG

(25) Die Mitte finden – Meditation in Bewegung

RAST

WERTSCHÄTZUNG

ACHTSAMKEIT

SCHEIDEWEGE

SCHATTENSEITEN

LEITSTERNE

KRAFTQUELLEN

VERSENKUNG

ANKUNFT

Bücher und Adressen, die weiterhelfen

Balthasar, Hans Urs von: **Die großen Ordensregeln.** Johannes Verlag Einsiedeln

Candolini, Gernot: **Das geheimnisvolle Labyrinth. Mythos und Geschichte eines Menschheitssymbols.** Pattloch

Die Bibel. Einheitsübersetzung. Herder

Dietz, Matthias (Übers.): **Kleine Philokalie. Betrachtungen der Mönchsväter über das Herzensgebet.** Patmos

Greshake, Gisbert, Geerlings, Wilhelm (Hg.): **Quellen geistlichen Lebens. Bd. 1: Die Zeit der Väter.** Grünewald

Greshake, Gisbert, Weismayer, Josef (Hg.): **Quellen geistlichen Lebens. Bd. 2: Das Mittelalter. Bd. 3: Die Neuzeit. Bd. 4: Die Gegenwart.** Grünewald

Jäger, Willigis: **Suche nach dem Sinn des Lebens. Bewusstseinswandel durch den Weg nach innen. Vorträge – Ansprachen – Erfahrungsberichte.** Via Nova

Jungclaussen, Emmanuel: **Unterweisung im Herzensgebet.** Eos

Riehle, Wolfgang (Hg.): **Die Wolke des Nichtwissens. Worin die Seele sich mit Gott vereint.** Johannes Verlag Einsiedeln

Bücher von Christiane Schlüter

Ein unbeschreibliches Gefühl. Die Philosophie der Liebe. Pattloch 2011

Die Bibel in 60 Minuten. Thiele 2012

Die wichtigsten Psychologen im Porträt. Marix 2007

Kleine Gebrauchsanleitung für das Glück. Heyne 2005

Weitere Tischaufsteller bei GU:

Daiker, Ilona: **Gelassen wie ein Buddha**
Franckh, Pierre: **Entfalte deine Wunschkraft**
Trökes, Anna: **Yoga-Weisheit**
Seethaler, Susanne: **Schenk dir eine Atempause**

Internetadressen

Weiterführende Links zu Dachverbänden, Schulen und Richtungen der Christlichen Meditation und Spiritualität finden sich auf dieser Webseite:
http://www.meditation-frankfurt.org/dachverbaende.html

Danksagung der Autorin

Mein herzlicher Dank geht an meine Freundin Brigitta Durnberger. Vieles von dem, was ich bei unserer gemeinsamen Tätigkeit in der kirchlichen Gruppenarbeit von ihr gelernt habe, ist in dieses Buch eingeflossen.

Bildnachweis

A1PIX: 32; Action Press: 12, 31; Andia Fotoagentur: Cover vorne; Bestprice: 18; Bildagentur Huber: 3, 16, 19, 51, Cover hinten; Bildstelle: 15; Bilderberg: 26; Binotto: 2; Blickwinkel: 10, 11, 35, 47; Bridgeman: 49; F1online: 22, 27, 40, 45; Fotofinder: 21, 52; Getty: 4; Global Picture: 14; ImagePoint: 48; Imago: 17; Interfoto: 43; Laif: 25; Look: 8, 13, 29, 30, 33, 34, 37, 39, 41, 42; Mauritius: 24, 36, 38, 46; Plainpicture: 1, 6, 7, 28, 50; Shutterstock: S. 3/Rosette (und weitere Verwendungen); TopicMedia: 44; Vario: 20, 23

Impressum

Projektleitung: Reinhard Brendli
Lektorat: Ulrike Auras
Bildredaktion: Henrike Schechter
Layout: independent Medien-Design, Horst Moser
Herstellung: Susanne Mühldorfer
Satz: Ludger Vorfeld
Lithos: Longo AG, Bozen

Printed in China

ISBN 978-3-8338-2352-7

2. Auflage 2012

Über die Autorin

Dr. Christiane Schlüter hat in evangelischer Theologie promoviert und anschließend eine Ausbildung als Journalistin abgeschlossen. Sie lebt und arbeitet heute als freiberufliche Autorin in Augsburg und hat bereits zahlreiche Bücher zu psychologischen, philosophischen und religiösen Themen verfasst.

GRÄFE UND UNZER

Ein Unternehmen der
GANSKE VERLAGSGRUPPE

Unsere Garantie

Alle Informationen in diesem Ratgeber sind sorgfältig und gewissenhaft geprüft. Sollte dennoch einmal ein Fehler enthalten sein, schicken Sie uns das Produkt mit dem entsprechenden Hinweis an unseren Leserservice zurück. Wir tauschen Ihnen den GU-Ratgeber gegen einen anderen zum gleichen oder ähnlichen Thema um.

Liebe Leserin und lieber Leser,

wir freuen uns, dass Sie sich für ein GU-Buch entschieden haben. Mit Ihrem Kauf setzen Sie auf die Qualität, Kompetenz und Aktualität unserer Ratgeber. Dafür sagen wir Danke! Wir wollen als führender Ratgeberverlag noch besser werden. Daher ist uns Ihre Meinung wichtig. Bitte senden Sie uns Ihre Anregungen, Ihre Kritik oder Ihr Lob zu unseren Büchern. Haben Sie Fragen oder benötigen Sie weiteren Rat zum Thema? Wir freuen uns auf Ihre Nachricht!

Wir sind für Sie da!

Montag – Donnerstag: 8.00 – 18.00 Uhr;
Freitag: 8.00 – 16.00 Uhr
Tel.: 0180-5005054*
Fax: 0180-5012054*
*(0,14 €/Min. aus dem deutschen Festnetz/Mobilfunkpreise maximal 0,42 €/Min.)
E-Mail: leserservice@graefe-und-unzer.de

P.S.: Wollen Sie noch mehr Aktuelles von GU wissen, dann abonnieren Sie doch unseren kostenlosen GU-Online-Newsletter und/oder unsere kostenlosen Kundenmagazine.

GRÄFE UND UNZER VERLAG
Leserservice | Postfach 86 03 13 | 81630 München